Zu diesem Buch

«Setzt man für das Wort ‹Diesseits› ‹die sichtbare Welt› und für das ‹Jenseits› ‹die unsichtbare Welt›, so wird sofort deutlich, daß beide Welten eine untrennbare Einheit bilden. Denn ‹sichtbar› kann nur bedeuten: zugänglich für den menschlichen Augensinn. Schon die Welt der Töne, der Geräusche, der Musik ist unsichtbar. Nur grenzenlose Kurzsichtigkeit kann der Meinung sein, daß das Wesen der Welt allein im Sichtbaren erfaßbar ist. Jede Pflanze, jedes Tier, jeder Mensch hat eine sichtbare Außenseite und eine unsichtbare Innenseite. Doch entscheidend ist, daß die sichtbare Außenseite bei allen Lebewesen wesentlich von der unsichtbaren Innenseite her geprägt wird. Die Wahrnehmung der Außenseite zwingt zur Anerkennung der wirksamen Innenkraft als Leben, Seele und Geist. Diese sind für den Augensinn direkt nicht wahrnehmbar, aber wohl durch Empfindung und Denken erschließbar.

... Wenn im folgenden der Versuch unternommen wird, Wege zum Erkennen und Erleben des Geistes in der sichtbaren Welt anzudeuten, so erhebt dieses Buch keinen Anspruch auf reine Wissenschaftlichkeit. Es ist aus der Bemühung entstanden, den Blick für den waltenden Geist im Diesseits so zu öffnen, daß ‹jedermann› – soweit er es unbefangen liest – sich selbst Zugänge zu dem im Sichtbaren waltenden Übersinnlichen bahnen kann.»

Johannes Hemleben

Johannes Hemleben

Diesseits

Vom Lesen im Buche der Natur
Ein Beitrag zu dem Thema:
Naturanschauung und
Christentum

rororo
Rowohlt

Umschlagentwurf Werner Rebhuhn

Dem Freunde
Georg Lüthke
zum fünfundsiebzigsten
Geburtstage

Veröffentlicht im Rowohlt Taschenbuch Verlag GmbH,
Reinbek bei Hamburg, Juni 1982

Gesamtherstellung Clausen & Bosse, Leck
Printed in Germany
680-ISBN 3 499 17499 5

Inhaltsverzeichnis

Vorwort

Setzt man für das Wort «Diesseits» «die sichtbare Welt» und für das «Jenseits» «die unsichtbare Welt», so wird sofort deutlich, daß beide Welten eine untrennbare Einheit bilden. Denn «sichtbar» kann nur bedeuten: zugänglich für den menschlichen Augensinn. Schon die Welt der Töne, der Geräusche, der Musik ist unsichtbar. Nur grenzenlose Kurzsichtigkeit kann der Meinung sein, daß das Wesen der Welt allein im Sichtbaren erfaßbar ist. Jede Pflanze, jedes Tier, jeder Mensch hat eine sichtbare Außenseite und eine unsichtbare Innenseite. Doch entscheidend ist, daß die sichtbare Außenseite bei allen Lebewesen wesentlich von der unsichtbaren Innenseite her geprägt wird. Die Wahrnehmung der Außenseite zwingt zur Anerkennung der wirksamen Innenkraft als Leben, Seele und Geist. Diese sind für den Augensinn direkt nicht wahrnehmbar, aber wohl durch Empfindung und Denken erschließbar.

Tatsache ist, daß in dem Maße, wie das Diesseits durch die Naturwissenschaft aufgehellt wurde, sich das Jenseits der Einsicht der Menschheit verschloß. Auf dieser Erkenntnis beruht heute auch die kritische Haltung mancher hervorragender Wissenschaftler des 20. Jahrhunderts wie von Max Planck, Otto Hahn, Max Born, Werner Heisenberg, Walter Heitler und Carl Friedrich von Weizsäcker.[1*] Sie alle betonten und betonen

* Die hochgestellten Ziffern verweisen auf die Anmerkungen Seite 179 ff.

mit guten Gründen, daß Naturwissenschaft aus ihren eigenen Voraussetzungen nur die Erscheinungswelt zu erklären vermöge – nicht die «Dinge an sich», deren Existenz aber nicht geleugnet werden dürfe.

Doch oft wurde aus dieser Not eine Tugend gemacht. Repräsentativ für manche Spitzenforscher gilt auch heute noch das klassische «Ignoramus und Ignorabimus» – «wir wissen nichts und werden nichts wissen» – des Berliner Physiologen Emil Du Bois-Reymond (1818–1896). Er begründete diese Erkenntnis-Resignation in einer Rede «Über die Grenzen des Naturerkennens», welche er auf einer Versammlung Deutscher Naturforscher und Ärzte 1872 zu Leipzig hielt. Damals sprach er von der «männlichen Entsagung», welche der Naturforscher zu leisten habe, wenn er sich vor die «Rätsel der Körperwelt» gestellt sehe. Du Bois-Reymond fand viel Beifall. Man meinte, daß er einen wichtigen Beitrag zur Bewußtseins-Bescheidenheit der Forschung geliefert habe.

Das trifft auch bedingt zu, aber nur im Sinne einer Halbwahrheit. Für die Materialisten des 19. Jahrhunderts hatte Du Bois-Reymond eine gültige Grenze gesetzt. Insbesondere hatte er denen den Boden entzogen, die von der mechanistischen Weltanschauung aus in das Gebiet der Theologie übergriffen, wie Ludwig Feuerbach (1804–1872) mit seinem Buche über «Das Wesen des Christentums» und David Friedrich Strauß (1808–1874) mit seinem «Leben Jesu». Aber Du Bois-Reymond selbst wie auch die ihm Zustimmenden übersahen, daß eine so gepriesene Haltung allen Tatsachen der Forschung und ihren Auswirkungen im Grunde widerspricht. Denn zu keinem Zeitpunkt hat sich die Wissenschaft in Wirklichkeit so resignierend verhalten.

Wichtig bleibt, daß der Forscher sich jeweils seiner Grenzen bewußt ist. Wenn er sich willentlich auf das beschränkt, was nach «Maß, Zahl und Gewicht» erfaßbar ist, so gibt er damit zu, daß es sein Ziel ist, nur die Oberfläche der Dinge zu erkennen und nicht zu ihrem Wesen vorzudringen. Aber man verkennt das berechtigte Erkenntnisbedürfnis des Menschen, wenn man dabei meint stehenbleiben zu müssen und aus vermeintlicher Bescheidenheit das Bemühen um Eindringen in die Tiefen von Welt, Erde und Mensch als unwissenschaftlich verketzert.

In Wirklichkeit kann und darf die rein quantitative Forschung nur Vorhof zu einer qualitativen sein, die auch das Wesen der Dinge zu erfassen versucht. Als solch ein Vorhof ist die sogenannte exakte Wissenschaft eine unentbehrliche Voraussetzung für jede weitere Tiefenforschung. Nicht die begrenzten Resultate der ausschließlich quantitativ arbeitenden Wissenschaft sind das Entscheidende. Diese verlangen durch sich selbst nach geistiger Durchdringung und Fortführung. Wohl aber wird durch die Beschränkung auf die zählende und messende Methode eine wichtige Schulung des Forschers bewirkt. Er lernt zunächst, jegliche Subjektivität des eigenen Fühlens zu überwinden und den denkenden Blick nur auf sichtbare Realitäten zu lenken. Die Bedeutung dieser Menschheitsschulung zur Sachlichkeit kann und darf nicht unterschätzt werden. Es ist dies ein wesentlicher Dienst, welchen die «exakte Naturwissenschaft» der Menschheit leistet. Darum kann man Geistern wie Basilius Valentinus, Paracelsus und Böhme heute zwar manche Anregung verdanken, kann sich aber nicht ihre Ausgangspositionen und Erkenntnisweise ohne weiteres zu eigen machen.

Die Naturwissenschaft des 19. und 20. Jahrhunderts ist die unumgängliche Voraussetzung für alle spätere Forschung. Ihr verdankt die Menschheit jene *Objektivität*, die von aller Zukunftsforschung verlangt werden muß. Ein Zurück in ein vornaturwissenschaftliches Denken darf es nicht geben.

Ebenso klar aber muß gesagt werden: Ein Stehenbleiben bei der rein quantitativen Forschung würde eine absolute Katastrophe bedeuten. Es gehört zum Wesen des Menschen, daß sein Erkenntnistrieb nach dem Wesen der Dinge fragt. Auch ist er nicht veranlagt, erkennend zweispurig vorzugehen, wie es oft – vor allem von Theologen – gefordert wird. Dann kommt man dazu, das Diesseits der Wissenschaft und das Jenseits dem Glauben zu überlassen. Die Folge davon ist, daß das Weltbild in ein Diesseits und Jenseits gespalten und damit zugleich die menschliche Seele schizophren veranlagt wird. Diese ist dann im Denken mehr oder weniger materialistisch orientiert und zugleich im Fühlen der konträren religiösen Offenbarungswelt hingegeben. Auch wenn diese sich widersprechende Polarität vielen unserer Zeitgenossen, die sich weiter zum «alten Glauben» bekennen möchten, nicht bewußt wird, gehört doch diese Seelenspaltung zu den Krebsschäden unserer Zeit.

Wenn klar ist, daß der Naturwissenschaft viel zu danken ist, sowohl nach der Seite der Schulung des Bewußtseins als auch nach der Seite der technischen Erfindungen, dann müssen ebenso die Gefahren gesehen werden, welche aus der einseitigen Blickrichtung der rein quantitativen Forschung entstanden sind.

Durch ein besonders simples Beispiel sei dieses Unzureichende der nur messenden Methode deutlich gemacht. Was weiß man von einem Menschen, wenn man von ihm alle mathematischen Daten kennt: seine Größe, sein Alter, sein Gewicht, die Stärke seiner Muskelkraft, seine Temperatur, seinen Blutdruck usw.? Gewiß ist es für einen Arzt heute unerläßlich, bei einem Patienten alles dies zu beachten. Aber niemals wird auf diesem Wege der Wesensunterschied eines Shakespeare von einem Goethe deutlich zu machen sein. Man wird antworten, das Beispiel ist töricht, denn selbstverständlich bedarf die naturwissenschaftliche Betrachtungsweise der Ergänzung durch Geisteswissenschaft.

Das Dilemma besteht nun darin, daß das Unzureichende der Forschung nach «Maß, Zahl und Gewicht» gegenüber Charakter und Wesen des Menschen anerkannt wird. Auch dem Tierreich gegenüber hat man zum Beispiel durch die Verhaltensforschung neue – nicht quantitative – Erkenntniswege erschlossen. Demgegenüber aber beruhen die Aussagen der heutigen Astronomie und Physik nach wie vor auf rein mathematischer Grundlage.

Die Frage nach dem Wesen von Sonne, Mond und Sternen, von Kristallen und Mineralien, ja selbst von den Pflanzen wird nicht mehr gestellt. Jeder Versuch, die Wirksamkeit übersinnlicher Kräfte in diesen so erheblichen Bezirken des Diesseits zu erforschen, wird als unwissenschaftlich abgelehnt. Gerade dem aber galt das lebenslange Bemühen Goethes, einen methodischen Erkenntnisweg zu finden und aufzuzeigen, der die exakte Wissenschaft ergänzt und über sie hinausführt. Goethe hat sehr darunter gelitten, daß so viele Forscher nicht einmal das ihm so wichtige Problem sahen, geschweige denn sein Bestreben um Tiefenerhellung der Natur anerkannten. So beklagt er sich im Zusammenhang mit seiner Schrift über «Die Metamorphose der Pflanzen»: «Es ist die größte Qual, nicht verstanden zu werden, wenn man nach großer Bemühung und Anstrengung sich endlich selbst und die Sache zu verstehn glaubt; es treibt zum Wahnsinn, den Irrtum immer wiederholen zu hören, aus dem man sich mit Not gerettet hat, und peinlicher kann uns nichts begegnen, als wenn das, was uns mit unterrichteten, einsichtigen Männern verbinden sollte, Anlaß gibt einer nicht zu vermittlenden Trennung.»

Es ging Goethe um die Erfassung des in aller Welt und insbesondere in den Naturreichen, also in dem «Diesseits», wirkenden Geistes. Vor allem in seiner Farben- und Pflanzenlehre hatte er einen methodischen Weg aufgezeigt, der seiner Überzeugung nach zu einer Wesenskunde zu führen vermag. Beglückend war es für ihn zu erleben, wenn hervorragende Geister wie Friedrich von Hardenberg, genannt Novalis, Alexander von Humboldt, Carl Gustav Carus ihn verstanden und seine Forschungsmethode anerkannten. Doch die Tatsache, daß die Mehrzahl der repräsentativen Naturgelehrten seiner Zeit sein Bemühen als einen wissenschaftlich unzulässigen Irrweg ansahen, hat Goethe tief verletzt. Denn es ging ihm ja nicht um eine persönliche Liebhaberei – wir würden heute sagen: um ein privates Hobby –, sondern *um eine Menschheitsangelegenheit von größter Bedeutung*. Wer den Geist in aller Kreatur leugnet bzw. keine Wege zu seiner Auffindung kennt, wird auch den eigenen Geist verkümmern lassen. Wer in der Welt nur die Materie sieht, welche nach mechanischen Gesetzen wirksam ist, wird auch in sich selbst nur Stofflichkeit finden. Dementsprechend wird aus materialistischen Gedanken auch nur eine materialistische Kultur hervorgehen können. Zu meinen, daß der religiöse Glaube dem materialistischen Denken sich als gewachsen erweisen könnte, war der Irrtum vor allem vieler Theologen seit Goethes Zeit bis in unsere Gegenwart.

Wer den Geist im Diesseits nicht wahrnimmt, dem ist in Wahrheit auch das Jenseits verschlossen. Denn es gibt nur eine Welt, und die unterscheidenden Bezeichnungen von Diesseits und Jenseits betreffen nur die jeweilige Blickrichtung. Gelingt es nicht, in Stein, Pflanze, Tier und Mensch, in Sonne, Mond und Sternen den ihnen innewohnenden Geist zu entdecken, so bleibt auch alles Reden vom Geiste im Jenseits im Nebel unklarer Mystizismen hängen.

Auch wenn im folgenden der Versuch unternommen wird, Wege zum Erkennen und Erleben des Geistes in der sichtbaren Welt anzudeuten, so erhebt dieses Buch keinen Anspruch auf reine Wissenschaftlichkeit. Es ist aus der Bemühung entstanden, den Blick für den waltenden Geist im Diesseits so zu öffnen, daß «jedermann» – soweit er es unbefangen liest – sich selbst Zugänge zu dem im Sichtbaren waltenden Übersinnlichen bahnen kann. Kenner werden den geisteswissenschaftlichen Hintergrund bemerken, der durch die Anthroposophie Rudolf Steiners gegeben ist. Doch wird an keiner Stelle dessen Lehre vorausgesetzt.

Der Verfasser war bemüht, die Dinge, um die es hier geht, so klar wie nur möglich zu formulieren, ohne in Widerspruch zu der exakten Naturwissenschaft zu geraten.

Das Ziel möge noch einmal deutlich ausgesprochen sein: *ein Versuch, den Geist im Diesseits aufzuzeigen.*[2]

Zur Einleitung: Das Diesseits

Seit die Menschheit ihre Umwelt mit Bewußtsein wahrzunehmen begann, verharrte sie nie vor einem statischen Bilde, sondern suchte die Dynamik des ganzen Sonnen-Planetensystems zu erfassen. Dem entsprach zunächst die geozentrische Sicht, das heißt, man fühlte sich als Mensch mit der Erde – von den Griechen Mutter Demeter genannt – zusammen im Mittelpunkt des Weltgeschehens. Alle verfolgbaren Prozesse entsprachen dieser Sicht. Sonne, Mond und Sterne, so wurde es erlebt, beleuchten nicht nur das Erdgeschehen, sondern durchdringen zugleich alle irdischen Bereiche mit ihren Kraftfeldern. Die seit der babylonischen und ägyptischen Zeit herrschende, in unserer Epoche als geistige Untergrundströmung immer noch wirkende Astrologie ist das bewahrte Zeugnis dieser geozentrischen Weltsicht der Vergangenheit.

Bekanntlich war es Nikolaus Kopernikus (1473–1543), der diese geozentrische Blickrichtung aufgab und an die Stelle des alten das neue heliozentrische Weltbild setzte. Tycho Brahe (1546–1601) und vor allem Johannes Kepler (1571–1630) setzten fort, was Kopernikus begonnen hatte; Giordano Bruno (1548–1600), Galilei (1564–1642) und zahlreiche weitere Naturforscher blieben auf der gleichen Spur und schufen zusammen das heute fast allgemein anerkannte physische Bild vom Kosmos.[3]

Stets wurde betont, daß die Bewegungen der Planeten ebenso

genau nach der Methode des Ptolemäus, der die Kenntnisse des Altertums geozentrisch zusammengefaßt und mathematisch erläutert hat, wie nach der Methode von Kopernikus und Kepler errechenbar seien. Die Erklärung dafür wurde gefunden, sobald feststand, daß sich nicht nur die Planeten, sondern die Sonne selbst und mit ihr alle «Fix-Sterne» genannten Sterne außerhalb unseres Planetensystems in steter Bewegung befinden. Wenn *alle* Bezugspunkte ihren Ort ständig verändern, wie soll es dann möglich sein, die objektive Bewegung eines Sternes, der Sonne, der Erde festzulegen? Dann ist *jede* Aussage als relativ anzusehen, und es ist einsichtig, warum man ebensogut geo- wie heliozentrisch die Sternenbewegungen berechnen kann.

Solche Probleme hatten die «Alten» nicht. Sie nahmen die Welt als gegeben hin, erlebten die Regieführung durch die den Tag erleuchtende Sonne, den die Nacht erhellenden Mond und in der Erde die ernährende, tragende Mutter. Alles Leben auf Erden verdankt im Sinne dieser Weltanschauung seine Existenz dem Zusammenwirken von Sonne, Mond und Erde, in das zugleich unaufhörlich die mannigfaltige Kraft der Gestirne einfließt.

Dies alles wurde im Laufe der Jahrhunderte seit Kopernikus vergessen oder negiert. Die Suggestion der neueren Naturwissenschaft war so groß, daß sie einen großen Teil der Menschheit in den Hochmut versetzte, endlich die endgültige Wahrheit gefunden zu haben. Sonne, Mond und Sterne als Sitz der Götter im Sinne des alten Griechentums zu verehren wurde als Aberglaube verschrien, dem keine Wirklichkeit entspricht. Statt dessen sprach man von der Sonne als einem Gasball, dem Monde als einer Schlacke und von der Erde mit ihren Reichen als einem *Zufallsgebilde*, das sich nach mechanischen Gesetzen aus dem Urschlamm oder Urknall entwickelt habe. Und alles dies hielt man für endgültige Wahrheiten, die gefunden zu haben den Stolz von Forschern und Philosophen ausmachte. Die Kulmination dieses konsequenten Materialismus, der sich im Anschluß an die Kant-

Laplace-Theorie von der Weltentstehung entwickelte, geschah in der Mitte des 19. Jahrhunderts. Die Folgen sind bis heute wirksam.

Wohl gab es Stimmen und gibt sie auch heute, welche das absolut Unzureichende des materialistischen Weltbildes betonten. Oft wurde versucht, auf das Unbefriedigende des Materialismus als Welterklärung hinzuweisen. Die als mystisch verketzerte Bewegung der Romantiker hatte versucht, an die Stelle des Materialismus ein ideales Weltbild zu setzen. Von Goethes Bemühungen sprachen wir schon im Vorwort. Da aber diese Bestrebungen im ganzen von der Naturwissenschaft nicht anerkannt wurden, blieben sie unwirksam. Das Jenseits wurde zunehmend verdunkelt, das Diesseits blieb in seinen Tiefen unverstanden.

Unsere Grundthese: *Wer den Geist im Diesseits leugnet, wird keinen legalen Zugang zum Geiste des Jenseits finden.* Wem der Geist in Stein, Pflanze und Tier – in Sonne, Mond und Sternen aufleuchtet, beginnt sich selbst als Geist zu verstehen. Indem dies im Diesseits geschieht, bahnen sich im eigenen Inneren die Wege zum Geiste in aller Welt, vom Staubkorn bis zu den Sternenweiten. Das eigene Leben zwischen Geburt und Tod beginnt geistig durchsichtig zu werden. Was in Raum und Zeit zur sichtbaren Gestalt gelangt, ist als solches vergänglich. Aber der Geist, der aus dem Unoffenbaren das Offenbare zur Sichtbarkeit drängt, ist ewiger Natur. Ihn gilt es zu entdecken. Als Leitworte für dieses Bemühen mögen gelten:

«Willst du ins Unendliche schreiten,
Geh im Endlichen nach allen Seiten.»
Johann Wolfgang von Goethe

«Erkenne dich selbst
Und du findest die Geheimnisse der Welt.
Beschaue die Welt
Und du findest die Geheimnisse des Selbst.»
Rudolf Steiner

Raum und Zeit

Alles Leben auf Erden nimmt Gestalt an im Raume und verläuft in der Zeit. Auch alle Wahrnehmungen, durch welche Menschen das physische Weltall aufnehmen können, vollziehen sich im Bereiche dieser beiden Kategorien. Sprach man einst von den Ruhesternen als Inbegriff der Ewigkeit, so hat die Sternenkunde der Neuzeit uns belehrt, daß dies auf einem menschlichen Trugschluß beruht. Wohl bieten die sogenannten Fixsterne gegenüber unserem Planetensystem, das sich in steter Bewegung befindet, ein Bild von fast unveränderlicher Ruhe. Doch, so zeigt uns die genaue Beobachtung des fernen Sternenhimmels mit Hilfe moderner Fernrohre, auch dort ist – wenn auch nach anderen als den irdischen Zeitmaßen – alles in Bewegung und Veränderung begriffen. Auch die Ruhesterne sind der Erde näher oder ferner und verändern in unendlich langen Zeiträumen ihre Stellungen zueinander. Mit anderen Worten: Was unsere Augen erblicken können, die Naturreiche der Erde, Sonne, Mond und Wandelsterne, und auch der Fixsternhimmel – alles unterliegt den Gesetzen von Raum und Zeit.

Dadurch ist nicht benommen, das Gleichnishafte des Ruhestern-Himmels gegenüber den Wandelsternen zu empfinden. Nach wie vor birgt das Gewölbe der Ruhesterne das Geheimnis des unendlichen *Raumes*, so wie die Sonne mit ihren wandelnden Trabanten für unser Erlebnis schlechthin das Symbol der durch Tag und Nacht, durch Monat und Jahr wirkenden *Zeit* ist. Nur ist Vorsicht geboten, unsere durch unmittelbare Erfahrung in der Erdnähe gefundenen Begriffe einfach auf die entfernten Sternenreiche zu übertragen. Niemals können unsere Augen unmittelbar das wahrnehmen, was mit dem Worte *Ewigkeit* bezeichnet wird. Unsere Sinne – das Wort sagt es schon aus – sind an die Sinnlichkeit gebunden. Durch Augen, Ohren, durch Tast-, Geschmacks- und Geruchssinn nehmen wir das «Diesseits» wahr. Und dieses Diesseits ist zunächst durch die beiden Grundbegriffe *Raum* und *Zeit* allein erfaßbar.

Als Schulungsobjekte zur unterschiedlichen Erfahrung dessen, was das Wesen des Raumes und das Wesen der Zeit ist, vermögen die beiden «niederen» Naturreiche gute Dienste zu leisten.

Selbstverständlich haben beide, Minerale wie Pflanzen, einen Körper im Raum, selbstverständlich unterliegen beide Veränderungen in der Zeit. Doch absolut unterschiedlich sind ihre Grundverhältnisse zum Ablauf der Zeit.

Für eine *Pflanze* ist es charakteristisch, daß sie in ihrer räumlichen Erscheinungsform einem steten Wechsel unterliegt. Von Spore, Samen oder Keim aus nimmt jede Art ihren Weg durch veränderliche Stufen zum Fruchtstand, in dem sich neu Sporen oder Samenkörner bilden. Es ist dies der Weg, dem Goethe seine gründliche Aufmerksamkeit gewidmet hat und den er in seiner «Metamorphose der Pflanze» gültig beschreibt. Für die Mehrzahl der höheren Pflanzen gilt das Lebensprinzip der Metamorphose durchgängig: Aus dem Samen bildet sich die Keimpflanze, sie läßt den blättertragenden Sproß entstehen, der irgendwann im Zeitablauf – sei es im gleichen Monat oder Jahr, im nächsten Jahre oder gar Jahrzehnt – sich zusammenfaßt zum Kelche, in dem sich die zumeist farbige und duftende Blüte bildet. In strenger Reihenfolge entstehen weiter die männlich gedeuteten Staubblätter und anschließend die auf Befruchtung angewiesenen Fruchtblätter, welche ihrerseits in sich die neuen Samenkörner zur Reife bringen. Der Ring ist geschlossen: von Same zu Same verläuft das im Raume sich abspielende Zeitgeschehen. Die treibenden Kräfte bleiben unsichtbar, das Resultat ihres Wirkens wird in Wurzel und Blatt, in Stengel, Sproß, Blüte und Fruchtstand sichtbar. Man versteht, warum Rudolf Steiner die bildenden Kräfte der Pflanze, die sonst die ätherischen genannt werden, auch als «Zeitenleib» bezeichnete.

Demgegenüber ein Mineral! Kaum je wird ein Mensch, der von einer Bergwanderung einen vielleicht durchsichtigen, klar sechskantig geformten Bergkristall mit nach Hause getragen und ihn seitdem auf seinem Schreibtisch liegen hat, Veränderungen an ihm wahrnehmen können. Wenn nicht von außen Zerstörungskräfte ihn absplittern, bleibt er wie er war – in der Zeit unverändert: ein Körper im Raum schlechthin.

Natürlich sagt sich die denkende Betrachtung: Auch der Kristall ist einst geworden, zum Beispiel aus flüssiger Kieselsäure (SiO_2) erhärtet – und einst, in unüberschaubaren Zeitenfernen, wird er nicht mehr sein. Insofern unterliegt auch er einem Zeitgeschehen: auch er war, ist und wird sein. Aber primär ist ein solcher Kristall gegenüber einer sich wandelnden Pflanze, die als ein Zeitenwesen sich kundtut, ein Raumkörper.

Und was sind Raumkörper und Zeitenwesen? Die einfachste Antwort besagt: Raumkörper sind gekennzeichnet durch das Nebeneinander ihrer Teile, für Zeitenwesen ist charakteristisch das Nacheinander des Geschehens. Beide Antworten sind abstrakte Wahrheiten. Doch Abstraktion bedeutet stets eine Loslösung vom konkreten Erleben durch den Menschen. Die Folge kann zwar die Gewinnung eines durch Klarheit imponierenden Resultates sein, aber sie geht zumeist auf Kosten der Lebensfülle. Darum war in der Regel das auf abstraktes, nur begriffliches Verstehen gerichtete Bemühen der Philosophen gekennzeichnet durch eine gewisse Lebensferne. Vom philosophischen Standpunkt Kants sind Raum und Zeit nur subjektive «Anschauungsformen» des Erkenntnis suchenden Menschen, durch die er in die Welt der «Erscheinungen» einzudringen versucht. Doch das Wesen der Dinge, das «Ding an sich», bleibt damit verborgen.

Für die Erkenntnistheorie Kants und seiner Nachfolger ist darum das «Diesseits» erfahrbar und begrifflich beschreibbar, das «Jenseits» – das eben nennt er das «Ding an sich» – ist dem Zugriff des Erkenntnis suchenden Menschen entzogen. Für Kant klafft zwischen «Diesseits» und «Jenseits» ein nur durch den Glauben überbrückbarer Abgrund.

Im folgenden sei der Versuch unternommen, aus der reinen «Anschauungskraft», wie Goethe es nannte, das konkrete Sein und Wirken von Zeit und Raum zu erfahren und zu verstehen.

Die Zeit

Vergangenheit, Gegenwart und Zukunft sind die drei Bezeichnungen für das Erleben der Zeit. Der entscheidend bestimmende Ausgangspunkt für jede Besinnung auf zeitliches Geschehen liegt stets im augenblicklichen Moment der Gegenwart. Er ist nicht festzulegen, da das Wesen der Zeit einem Strom in ständiger Bewegung gleicht. Das war die Einsicht Heraklits: πάντα ῥεῖ (Panta rhei) alles fließt. «Man kann nicht zweimal in denselben Fluß steigen», so betonte er; denn längst sind die Wasser talabwärts geflossen, in welche der Badende anfänglich eintauchte. So ist es auch mit der Zeit. Durch keinen Wunsch und keinen Willen ist der Strom der Zeit zum Stillstand zu bringen. Was soeben noch Zukunft war, ist einen Augenblick später schon Vergangenheit geworden. In diesem Sinne unterliegt alles Sein dem Werden, ist Sein eine Qualität der Welt, die nicht im sichtbaren *Diesseits* auffindbar ist. Das Diesseits offenbart sich: in Tätigkeit, im Geschehnis, im Werden – wie gesagt im Zeitenstrom.

Dies sind allgemeine Feststellungen, die für alle Menschen gültig sind. Im konkreten Leben aber hat jeder einzelne Mensch sein eigenes Verhältnis zum Zeitgeschehen, lebt er in seiner einmaligen, momentanen Gegenwart, blickt auf seine erlebte Vergangenheit zurück und erwartet das Zukünftige aus seiner individuellen Perspektive. Aber das allein umfaßt noch nicht das spezifische «Der-Zeit-verhaftet-Sein» des einzelnen. Denn deutlich unterscheiden sich die Individualitäten durch ein mehr oder weniger Gebunden- und Gehalten-Sein durch Vergangenes oder durch die Neigung, mit einem Teil des eigenenWesens schon stark aus dem Zukünftigen heraus zu leben. Wir nennen diese beiden Typen den konservativen und den revolutionären Menschen.

Wo immer menschliche Sozialität entsteht, treten auch Menschen auf, die entweder mehr zum Konservativen oder mehr zum Revolutionären neigen. Der Konservative ist gekennzeichnet durch sein Hängen am Vergangenen. Nimmt dieser Zug überhand, so geschieht es auf Kosten der Gegenwart und Zukunft. Dann entsteht das Klagelied über die entartete Jugend, die Bösartigkeit der gegenwärtigen Menschen und die Sehnsucht nach der «guten alten Zeit», wo noch «alles schöner und edler war». Mit einem Modewort nennt man heute diese Empfindung «Nostalgie».

Dem konservativen Typus steht der Revolutionär gegenüber. Sein Schlagwort lautet: «Es muß alles ganz anders werden.» Erst wenn alle Traditionen und historisch gewordenen Einrichtungen aufgelöst und vernichtet sein werden, kann das erwünschte und gedachte Zukünftige Platz greifen. Im Extrem gehören darum zum Ausbruch von Revolutionen Feuer und Brand, Fallbeil und Erschießung. Das Gewordene wird der Vernichtung übergeben, damit Neues entstehen kann.

Zwischen dem «Konservator» und dem «Revolutionär» gibt es alle Übergänge. Sicher ist, daß der alternde Mensch in der Regel mehr das Konservative pflegen, der Jugendliche mehr zum revolutionären Umbruch neigen wird. Einseitig gelebt, verraten beide Typen die zentrale Aufgabe der Gegenwart. Sie besteht in der lebendigen Funktion, die Achtung vor dem Gewordenen, die Liebe zu den echten Werten der Überlieferung aus der Wachheit gegenwärtigen Bewußtseins mit dem Willen zur Erneuerung und der gestaltenden Kraft des Zukünftigen zu verbinden. Wir nennen es die rechte «Geistes-Gegenwart». Wer nur oder vorwiegend konservativ denkt, verrät in gleicher Weise den gegenwärtigen Augenblick wie sein Gegenpol, der nur Revolutionäre, der um der vermeintlichen Zukunft willen alles Überkommene, mit dem Unbrauchbaren auch das Bewährte, zu vernichten sucht.

Daraus wird deutlich, daß das Wesen der Zeit nur trinitarisch erlebt und verstanden werden kann. Stets fließt sie dreifältig aus dem Vergangenen (dem Gewordenen) über die Gegenwart in das Zukünftige (das Werdende).

Friedrich Rittelmeyer[4] stellte die Frage: «Welches ist der wichtigste Augenblick?» und antwortete: «Stets der gegenwärtige.» Denn in ihm wird immer das Steuer des Lebensschiffes auf den Wellen des Zeitstromes gelenkt. Der gegenwärtige Augenblick entscheidet stets über die zukünftige Fahrtrichtung.

Das Gleichnishafte eines solchen Zeit-Verständnisses bedarf kaum der Ausdeutung. Für manchen mag es eine Hilfe bedeuten, selbst das Wesen der Dreieinigkeit der Gottheit zu verstehen. Gott ist einer, seine Offenbarung und Erlebbarkeit dreifältig: als Sein der Welt, als Werde-Wort und als spirituelle Erleuchtungskraft, als Vater, Sohn und Geist.

Damit ist aber zugleich auf das Wesen der christlichen Taufe hingewiesen. Sie schließt historisch an den sogenannten «Taufbefehl» an, besser Auftrag zur Taufe genannt: «Gehet hin und machet alle Völker zu Jüngern und tauft sie auf den Namen des Vaters und des Sohnes und des Heiligen Geistes, und lehret sie alles zu bewahren, was ich euch aufgetragen habe» (Matth. 28,19–20).

Unschwer kann verstanden werden, daß es sich bei der christlichen Taufe um das unmittelbare Hereinwirken des «Jenseits» in das «Diesseits» handelt; der Ewigkeit in die Zeit.

Im Namen des Vaters – der aller Welt zugrunde liegt – des «Schöpfers» von allem Gewordenen –

Im Namen des Sohnes – des schaffenden Weltenwortes, des

Logos, des gegenwärtigen Gottes –
Im Namen des Geistes – dessen Wesen, vom Menschen ergriffen, in eine geisterleuchtete Zukunft führt,
wird das neugeborene Kind in die Gemeinschaft der Christen aufgenommen. In dem Kapitel «Geheimnisse der Stoffeswelt» wird weiter von solchen Zusammenhängen zu sprechen sein.

Der Raum

Was im Laufe der Zeit geschieht, kann – falls es sich um ein sinnenfälliges Ereignis handelt – mit Augen gesehen werden. Die Zeit selbst bleibt stets unsichtbar im Verborgenen.

Das gleiche gilt für den Raum. Unzählbare Räume öffnen sich unserem Auge. Doch *der* Raum schlechthin ist und bleibt zunächst ein «offenbares Geheimnis». Löst man den Begriff des Raumes vom menschlichen Erleben, so sucht der Verstand ihn in den drei Dimensionen zu erfassen, die, mathematisch vorgestellt, jeweils zueinander im rechten Winkel gedacht werden: in der Senkrechten von oben und unten, der Waagerechten von links und rechts und schließlich der Horizontalen von hinten und vorn.

Dementsprechend gilt die Darstellung:

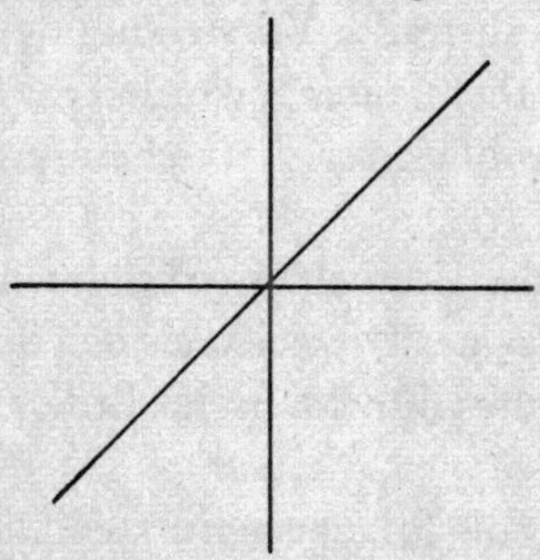

So gesehen, ergeben die drei Raumedimensionen das abstrakte Schema, welches aller Geometrie zugrunde liegt. Jede Richtung ist qualitätslos, völlig gleichwertig den beiden anderen gegenüber gedacht. Der Raum gilt als eine stetige, in sich konsequente, unendliche Größe, als eine Ordnungsform, durch welche die Vielheit der Raumeskörper einheitlich zusammengefaßt wird.

Dieses Raumschema war in frühen Zeiten der Menschheitsgeschichte nicht gekannt und gedacht worden, sondern ist erst in der Folgezeit mit der Ablösung des konkreten Erlebens des Raumes durch den Menschen und die damit ermöglichte Abstraktion der drei Dimensionen entstanden. Ursprünglich ging der Mensch von dem Erlebnis des eigenen Leibes und von seiner irdisch-kosmischen Umwelt aus. In der Polarität von Haupt und Füßen, von Himmel und Erde wurde das Oben und das Unten der ersten Dimension qualitativ erfahren und gedeutet.

Vor allem das Erlebnis des Tuns der Hände, das «Handeln», ergab das unmittelbare Darinnenstehen im Rechts und Links. Auch der innere Aufbau des menschlichen Leibes: das Herz auf der linken, Leber und Galle auf der rechten Seite, verstärkte das Grundgefühl für die Qualität dieser Dimension.

Und schließlich: Im Schreiten über die Erde, im Bewegen der Füße wurde sich der Mensch der dritten Dimension primär bewußt, dem Vorne und dem Hinten. Auch das Erleben des Nahrungslaufes durch den Menschen verstärkte die Empfindung für die dritte Dimension.

So fruchtbar die abstrakte Vorstellung des dreidimensionalen Raumes für den Mathematiker geworden ist, hat sie doch den allgemeinen Menschenblick für die Geheimnisse des Raumes getrübt.

So sei auch hier der Versuch unternommen, den Raum als «offenbares Geheimnis» des Diesseits, als den Schauplatz der Ereignisse des Zeitablaufes für Mensch, Erde und Kosmos anzudeuten.

Wieder möge uns die Pflanze den ersten Dienst zu diesem Verständnis leisten.

In einem Vorwort zu seinen morphologischen Schriften, das

er überschreibt: «Die Absicht eingeleitet», kennzeichnet Goethe das Wesen der Pflanze mit zwei Sätzen: «Indem wir den vegetativen Typus betrachten, so stellt sich uns bei demselben sogleich ein *Unten* und *Oben* dar. Die untere Stelle nimmt die Wurzel ein, deren Wirkung nach der Erde hingeht, der Feuchtigkeit und der Finsternis angehört, da in gerade entgegengesetzter Richtung der Stengel, der Stamm, oder was dessen Stelle bezeichnet, gegen den Himmel, das Licht und die Luft emporstrebt.»

Mit diesen wenigen Worten hat Goethe zunächst das Notwendige über die lebendige Eingliederung der höheren Pflanzen in den Raum gesagt. Sie leben zwischen dem *Unten* und dem *Oben*.

Zum Unten gehören: Erde, Feuchtigkeit, Finsternis.

Zum Oben gehören: Himmel, Luft, Licht.

Das keimende Samenkorn ergreift vom ersten Augenblick an beides:

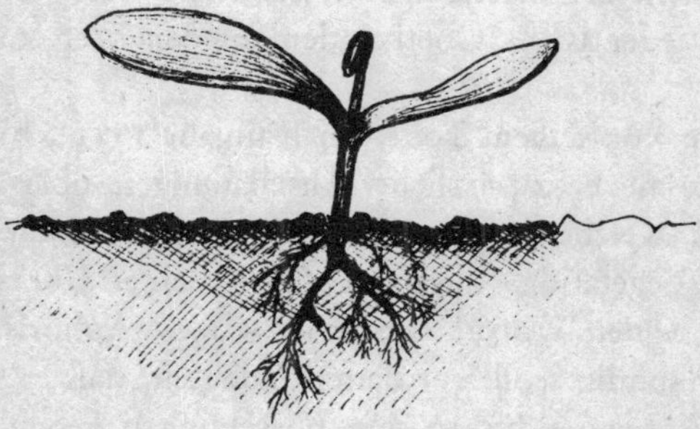

Indem sich die Blätter spreiten, streben sie in die Fläche, in die Horizontale. In diesem Kräftespiel von «Vertikal-Tendenz» und «Horizontal-Tendenz» lebt sich das Pflanzenwesen primär aus. Es gibt Kräuter, Gräser, Bäume wie Lavendel, Bambusrohr und Tannen, die überwiegend von der Vertikaltendenz beherrscht sind. Demgegenüber leben Pilze, Lebermoose, Seerosen u. a. lebenslang wesentlich in der Horizontalfläche. Andere Pflanzen wie Anemonen und Iris folgen unter der Erde der horizontalen

Tendenz. Ihr Wurzelstock, genannt Rhizom, wächst parallel zur Erdoberfläche, ihr oberirdischer Sproß aber sonnenwärts. So liefert das Pflanzenreich die elementarsten Bilder der lebendigen Raumesdimensionen von unten und oben und der dazu rechtwinklig stehenden Fläche.

Daß die Neigung zur Vertikaltendenz nicht ohne den Einfluß der Sonne wirksam werden kann, zeigt sich allüberall überzeugend. Sollte etwa das Streben im Horizontalen ebenso auf einen Einfluß, nämlich den des Mondes, zurückzuführen sein? Es erhebt sich wie von selbst diese Frage, wenn aufmerksam die Pflanzenbildungen verfolgt werden. Die Antwort sparen wir uns für den Zeitpunkt auf, wenn in diesem Buche von Sonne und Mond die Rede sein wird.

Doch noch eine andere Frage erhebt sich angesichts der Pflanze: Wie steht es mit einer dritten Dimension? Ist bei den Pflanzen durch ihr Verhältnis zum Oben und Unten und durch ihr Wachstum in der Fläche alles wesentliche Gestalten im Raum erfaßt? Wieder ist es Goethe, der auf den Weg zur Antwort weist.

Ein Jahr vor seinem Tode, im Frühjahr 1831[5], bildeten sich in Goethe neue, zusätzliche Anschauungen über das Pflanzenwesen, welche er in einem Aufsatz: «Über die Spiraltendenz der Vegetation» zusammenfaßte. Seiner Überschrift fügte er die beiden Worte: «Vorarbeit» und «Aphoristisch» hinzu. Offenkundig wollte er damit andeuten, daß er seinen Beitrag als Anregung für spätere Forschungen geben wollte, in der Hoffnung, daß Nachfolger das vervollständigen würden, was er nur in Anfangsgründen darzustellen vermochte. Bis heute hat sich davon nur wenig erfüllt, aber schon Goethes Denkanstoß genügt, um auf eine wesentliche, im allgemeinen verborgene Seite des Pflanzenwachstums aufmerksam zu werden. Er schreibt:

«Hat man den Begriff der Metamorphose vollkommen gefaßt, so achtet man ferner, um die Ausbildung der Pflanze näher zu erkennen, zuerst auf die *vertikale* Tendenz. Diese ist anzusehen wie ein geistiger Stab, welcher das Dasein begründet und solches auf lange Zeit zu erhalten fähig ist...»

«Sodann aber haben wir die Spiralrichtung zu beobachten, welche sich um jene herumschlingt...»

«Keines der beiden Systeme kann allein gedacht werden; sie sind immer und ewig beisammen; aber im völligen Gleichgewicht bringen sie das Vollkommenste der Vegetation hervor.»

In der üblichen Botanik wird das von Goethe Gemeinte zumeist unter dem Thema «Blattstellungen» behandelt. Seit langem hat man erkannt, daß die Knospenansätze von Blättern an den Stengeln nicht primär auf Grund äußerer Einwirkungen gebildet werden, sondern nach Gesetzen, die jeder Pflanzenart spezifisch innewohnen. Bei den meisten höheren Pflanzen erfolgt die Bildung der Blattkeime in einer Spirale um den Stengel, wobei die Spirale – wie zum Beispiel bei der Rose – den Stengel jeweils einmal umläuft, während fünf Blattansätze gebildet werden. Bei anderen Pflanzen entstehen acht Knospen bei drei Spiralumläufen, bis der Ausgangspunkt wieder erreicht ist und ein neuer Spiralumlauf anhebt. Der Botaniker nennt diese beiden Beispiele 2/5- und 3/8-Stellung.

Goethe kam es bei seinen Beobachtungen noch auf etwas anderes an. Er sah sich einer Grundtendenz gegenüber, welche die Pflanze außer in der Vertikal- und der Horizontalrichtung in den Raum stellt – eben durch die Spiraltendenz. Um diese wahrhaft zu erfassen, rät Goethe dem Beobachter des Pflanzenwachstums zu folgender Übung: «Man trete zur Sommerzeit vor eine im Gartenboden eingesteckte Stange, an welcher eine Winde, von unten an sich fortschlängelnd, in die Höhe steigt, sich fest anschließend ihren lebendigen Wachstum verfolgt. Man denke nun Convolvel (= die Windepflanze) und Stange, beide gleich lebendig, aus einer Wurzel aufsteigend, sich wechselweise hervorbringend und so unaufhaltsam fortschreitend. Wer sich diesen Anblick in ein inneres Anschauen verwandeln kann, der wird sich den Begriff sehr erleichtert haben. Die rankende Pflanze sucht das außer sich, was sie sich selbst geben sollte und nicht vermag.»

Goethe rät, den äußeren Anblick «in ein inneres Anschauen zu verwandeln». Nimmt man diese Anregung ernst, so enthält sie eine konkrete Anweisung zu einer bestimmten Meditation über das Spiralelement im Pflanzenwachstum. Dabei entdeckt man, daß es auch für die Pflanzen ein *Rechts* und ein *Links* gibt. Indem die Blattansätze sich in Spiralen emporwinden, geschieht das bei den einen durch eine Rechts-, bei den anderen durch eine Linksdrehung.

Darüber hinaus beginnt man darauf zu achten, daß auch oft ganze Pflanzen einschließlich des Stammes von der Spiralkraft ergriffen werden. Der Botaniker nennt es heute «Schraubung». So gibt es einen Baum, der darum Schraubenbaum (Pandanus) genannt wird. Auch viele Drachenbäume zeigen diese Tendenz. Somit wäre wohl deutlich, daß das Pflanzenreich in seiner lebendigen Raumerfüllung drei Tendenzen folgt: der Vertikal-, der Horizontal- und der Spiraltendenz. Sollten sich etwa auf diese Weise Sonne, Mond und Planeten in den Pflanzen widerspiegeln? Diese Frage liegt nahe. Doch davon später.

Geheimnisse der Stoffeswelt
Das Wesen der Drei.

Es hat eine Zeit gegeben – sie liegt noch nicht lange hinter uns –, da wurde die Materie als das angesehen, was unter allen Gegebenheiten des Diesseits am leichtesten zu erforschen sei. Die Elementenlehren der Griechen und des Mittelalters schienen überwunden zu sein. Statt dessen hatten die Physiker und Chemiker die Atome entdeckt. Das Wort «Atom» wurde schon von Demokrit gewählt, weil man glaubte, in den Atomen die letzten unteilbaren Einheiten (griechisch atomos = unteilbar) der Materie entdeckt zu haben.

Moleküle (Molekel) nennt man die Verbindung von zwei oder mehreren Atomen zu einer Einheit. So weiß man, daß gewöhnliches Wasser nicht aus einer einzigen Substanz besteht, sondern daß man es stets mit zwei Teilen Wasserstoff und einem Teil Sauerstoff zu tun hat, für welchen Tatbestand die bekannte Formel H_2O international gültig ist. In entsprechender Weise wurden nach und nach alle erreichbaren Stoffe, alle Minerale, Flüssigkeiten und Gase analysiert und in ihrer atomaren Zusammensetzung erforscht. 1869 entdeckten der russische Chemiker Dimitrij Mendeljew (1834–1907) und der Deutsche Lothar Meyer (1830–1895) gleichzeitig das «Periodische System», eine Ordnung aller Elemente – im Laufe der Zeit wurden mehr als hundert Atome entdeckt und nach ihrem Atomgewicht geordnet.

Diese Ausgangsposition der atomaren Chemie mußte im Laufe des 20. Jahrhunderts verlassen werden. Die Tatbestände zwangen dazu, das «Unteilbare» funktionell weiter zu differenzieren. Seitdem 1913 der Däne Nils Bohr das Atom in einen elektrisch positiv geladenen Atomkern und in negativ geladene Elektronen aufgliederte, haben sich Generationen von Physikern und Chemikern an dem Ausbau dieser «Atomtheorie» beteiligt. Die Gedankengänge wurden immer abstrakter, so daß ein durchschnittlicher Laie, auch mit guter Schulbildung, ihnen kaum noch zu folgen vermochte. Doch die Forscher blieben trotz aller Abstraktion so weit an der Wirklichkeit, daß aus diesen zunächst theoretischen Überlegungen und Hypothesen das drohende und überaus realistische Gespenst der Atombombe hervorging.

Wir stehen hier vor einem die geistige Situation der heutigen Menschheit außerordentlich kennzeichnenden Phänomen. Durch die Naturwissenschaft wurde die Technik ermöglicht. Diese beruht in erster Linie auf der Fähigkeit, Materie im Sinne praktischer Ziele in den Dienst der Menschheit zu stellen. Die Entdeckung der Elektrizität und die Fähigkeit ihrer Handhabung hat bekanntlich eine entscheidende Wandlung aller Zivilisation herbeigeführt. Eine weitere große, wenn auch noch gefährlichere Wendung scheint sich aus dem Einblick in die Abbauprozesse der Materie und die Möglichkeit der Lenkung und Verwendung der damit frei werdenden Energien (Atomzerfall) für die Zukunft abzuzeichnen.

Noch nie hat die Menschheit so gediegene Kenntnisse von der Materie gehabt, noch nie standen solche Anwendungsmöglichkeiten. aber auch Bedrohungen durch mögliche katastrophale Entwicklungen der Menschheit vor Augen wie in der Gegenwart. Zugleich aber muß man hinzufügen: Dies alles wurde möglich, obgleich die Forschung zunehmend die Frage außer acht ließ: Was ist letzten Endes das Wesen der Materie? Führende Physiker wie die schon genannten Hahn, Bohr, Heisenberg, Weizsäcker geben das unumwunden zu. Man ist sich einig, daß die Vorstellungen von Stoff und Materie in der Atomphysik sich in den letzten Jahrzehnten in Kraftfelder und Energiebegriffe aufgelöst haben. Materie als Stoff wird nicht mehr gedacht, sondern nur noch als potentielle Kraft. Man hat damit eine Grenze erreicht und sieht kaum Möglichkeiten, sie zu überschreiten. Von einigen Seiten wird auch mit Hilfe von Kant geltend gemacht, daß die Frage nach der «Materie an sich» außerhalb des menschlichen Erkenntnisbereiches gestellt ist und darum auch nicht beantwortet werden kann. Man begnügt sich mit der «Erscheinung» der Materie, die diesbezüglichen Antworten liefert die Atomtheorie.

Außer acht wurde von der Naturwissenschaft der Neuzeit gelassen, daß die Menschheit in allen früheren Zeiten anders gedacht hat und bestrebt war, über den Vorhof in das Innere der Stoffeswelt einzudringen. Für Christen war stets ein Leitwort die Aussage im Prolog des Johannes-Evangeliums: «Und alles was geworden ist, ist aus dem göttlichen Logos hervorgegangen», also auch die Materie!

Mit anderen Worten: In den vor der durch die Naturwissenschaft gekennzeichneten Neuzeit liegenden Jahrhunderten und Jahrtausenden hat man auf dem Erkenntnisfelde nicht resigniert, sondern die Fragen nach Ursprung und Wesen der Stoffeswelt mutig gestellt und aus dem Geiste heraus zu beantworten versucht. Bekanntlich war der schon genannte Demokrit (ca. 460–371 v. Chr.) der erste aller Menschen, der im materialistischen Sinne von Atomen sprach. Alle anderen Denker gaben in irgendeiner Weise spirituelle Antworten. Das sollte uns heute, die wir uns spürbar in einer Erkenntnis-Sackgasse befinden, Anlaß geben, uns neu den alten Antworten zu stellen und zu versuchen, ihren *geistigen* Sinn zu erfassen.

Erst seit wenigen Jahrzehnten ist in der Beurteilung der geistigen Vergangenheit der Menschheit ein Bewußtseinswandel erkennbar. In den Augen der klassischen Naturwissenschaftler des 19. Jahrhunderts galt die Naturanschauung des Mittelalters als reiner Aberglaube. Inzwischen wurde zunehmend entdeckt, daß zum Beispiel die Alchimie des Mittelalters zwar andere Begriffe hatte als die neuzeitliche Chemie, daß sie aber bis in die experimentellen Versuche hinein von echter Erkenntnissuche durchdrungen war. Man hat heute begonnen, die alte Alchimie nicht nur nach den Aussagen von Scharlatanen, die es sicherlich reichlich gab, zu beurteilen, sondern bemüht sich, die Sprache eines Basilius Valentinus (im 15. Jh.), Theophrastus Paracelsus von Hohenheim (1493–1541), von Jakob Böhme (1575–1624), Friedrich Christoph Oetinger (1702–1782) u. a. neu zu verstehen. Dabei entdeckt man, daß diese Forscher alles andere als Quacksalber waren, sondern mit großem Ernst ihren Studien nachgingen. Doch die geistige Schicht, in der sie lebten und aus der heraus sie forschten, war eine grundsätzlich andere als die der modernen Wissenschaft mit ihrer selbstgesetzten Begrenzung auf die vordergründige Außenseite der Natur.

Einer der ersten Bahnbrecher, der bestrebt war, der Alchimie des Mittelalters durch tiefere Erkenntnisbemühung Gerechtigkeit widerfahren zu lassen, war der Indologe Hermann Beckh. 1924 veröffentlichte er das kleine Buch «Der Ursprung im Lichte – Bilder der Genesis» und 1931 «Vom Geheimnis der Stoffeswelt (Alchymie)»[6] – zwei Arbeiten, die es verdienen, der Vergessenheit entrissen zu werden. Seitdem sind manche anderen Werke erschienen, alle mit der Tendenz, das «Dunkel» der Alchimie aufzuhellen.

Ein zentraler Begriff der Alchimie ist die *prima materia*. Er kennzeichnet die Suche nach dem, was im Urbeginne war, vor aller Materie – als substantieller Urgrund, und was am Ende der Zeiten die vergehende Welt wieder in sich aufnehmen wird.

Für den Alchimisten versteht es sich von selbst, daß die *prima materia*, aus der alle weitere Substanz – auch die der Pflanzen und Tiere – erflossen ist, geistiger Natur ist. Darum sind auch die in aller Stofflichkeit trinitarisch wirkenden Prozesse nicht nur materiell zu verstehen. Der Alchimist nannte sie Sal – Mercur – Sulphur. Gewiß, einfach übersetzt lautet es: Salz, Quecksilber, Schwefel – aber das sind drei Namen, welche nur eine bestimmte Richtung deuten sollen. Was gemeint ist, trifft Angelus Silesius (1624–1677) mit seinem Vers: «Daß Gott dreieinig ist, zeigt dir ein jedes Kraut, da Schwefel, Salz, Mercur in einem wird geschaut!»[7]

Salz (Sal) steht in der alchimistischen Sprache für alle Prozesse, welche zur Festigung, Formung und Gestaltung führen. *Mercur* bildet die Mitte, ist in vielem identisch mit dem Wasser, welches das Gleichgewicht hält zwischen Gefrieren und Verdunsten, aber auch mit dem beweglichen Quecksilber. *Sulphur* (Schwefel) – auch oft Phosphor benannt – ist das dritte Prinzip, das alle Form auflöst und dem reinen Geiste annähert. Es hat stets verbrennende, verzehrende Wirkung.

Kristall – Wasser – Flamme sind die sichtbaren Zeichen dieser drei Grundprinzipien der Alchimie, die alle Welt durchwalten, von der Gottheit bis zum Stein.

Angelus Silesius sagt nicht zufällig, daß jedes Kraut diese Wahrheit erweist: Gemeint ist die Dreiheit der Prozesse von Wurzel (Sal), Blatt (Mercur) und Blüte (Sulphur). In der Wurzel verbindet sich die Pflanze mit der festen Erde und nimmt selbst unterirdische Gestalt an. Die Blätter vermitteln den absteigenden

Strom zwischen Oben und Unten, den aufsteigenden Strom zwischen Unten und Oben. Ihre Funktion im Sonnenlichte ist im wesentlichen wassergetragen, ist in jeglicher Weise «mercurialisch». In der Blüte «flammt» die Pflanze dem Sonnenlicht entgegen, sie überwindet die stoffliche Schwere in hohem Grade und wächst in Farbe und Duft über sich hinaus.

Hermann Beckh hat einen von Eliphas Levi in der lateinischen Sprache übermittelten alten Taufspruch übersetzt, der auszugsweise lautet:

«Im Salze der ewigen Weisheit und im Wasser der Allbelebung und in der Asche, die die neue Erde sprießen läßt, geschehe alles durch die Elohim, durch Gabriel, Raphael, Uriel in allen Zeitenkreisen.»

Hier tritt zum Salze und Wasser als drittes Prinzip an die Stelle des Schwefels (Sulphur) die Asche. Denn durch den Verbrennungsprozeß, den Sulphurprozeß, entsteht Asche. Alle Beziehung zu alter Gestalt ist zerstört, wurde «zu Asche» – der Weg zur Erneuerung ist frei. Das Sinnbild ist dafür: der Vogel Phönix, der sich aus der Asche erhebt.

Der Mensch versteht sich selbst nur, wenn auch er sich in drei Schichten verankert weiß: als Leib, als Seele und als Geist. Die Seele ist ihrerseits wieder dreigegliedert: in Denken, Fühlen und Wollen. Dieses sind nicht willkürliche Konstruktionen, sondern im Makro- und Mikrokosmos begründete Tatbestände. In diesem Sinne *ist die Zahl drei ein Schlüssel zur Menschen- und Welterkenntnis* gegeben, der in der mittelalterlichen Naturkunde und besonders in der Alchimie als unentbehrlich für jegliche Welterkenntnis erlebt wurde. Das folgende Schema mag der Verdeutlichung dienen:

Das Wesen der Drei

Stoffeswelt	Pflanze	Tier	Mensch	Seele	Leib	Gottheit
Sal	Wurzel	Kopf	Geist	Denken	Nerv, Sinne	Geist
Mercur	Blatt	Rumpf	Seele	Fühlen	Herz und Kreislauf	Sohn
Sulphur	Blüte	Gliedmaßen	Leib	Wollen	Stoffwechsel, Gliedmaßen	Vater

So wurde vom Alchimisten die Welt als Ganze mit dem Schlüssel der «Drei» erschlossen: *Das Jenseits*, das allem zugrunde liegt:

in dem Urgrunde – dem Vater,
dem schaffenden Worte – dem Sohne
und dem Verstehen und Erleuchtetwerden durch den Heiligen Geist.

Das Diesseits, Mensch und Natur umfassend, ist in diesem Sinne Spiegel der Gottheit und darum gleichfalls trinitarisch gegliedert.

Die vier Elemente

Europas Geistesleben hat primär zwei Quellen: die griechisch-römische Kultur und die von Israel sich ausbreitende Kraft des Christentums. Für die verantwortlichen Träger der abendländischen Kultur galt es diese beiden Ströme zu verbinden. Etwas vereinfacht ausgesprochen: Die Aufgabe war gestellt, mit Hilfe der klaren Denkkraft der Griechen, die in den Philosophen Platon und Aristoteles ihre Vollendung gefunden hatte, den in Israel in Erscheinung getretenen, weltumspannenden Liebesimpuls des Christus-Jesus zu verstehen und in das Leben der romanischen, germanischen und slawischen Völker einfließen zu lassen. Die

Suche nach der wahren «Gnosis» (= Erkenntnis) spielte darum im Urchristentum eine entscheidende Rolle.

Wie eine testamentarische Verpflichtung durch die griechische Philosophie, die zugleich dem Wesen der christlichen Substanz entgegenkam, galt die Grundaussage: «Alle Philosophie beginnt mit dem Staunen.» Erst als diese ursprünglich für alle Erkenntnis bejahte Voraussetzung verlassen wurde, war der Weg für das materialistische Denken freigegeben. Heute ist es für einen naturwissenschaftlich geschulten Forscher schwer einzusehen, daß seelisches Verhalten wie Erstaunen, Verwundern, Ahnen überhaupt etwas mit echter Erkenntnis zu tun hat. Im folgenden sei versucht, hier wieder den Sinn für den Zusammenhang von Staunen und Erkennen zu erschließen.

Man stellte sich die folgenden Objekte der Natur vor Augen:

1. Die Kristalle in einer Berggrotte
2. Einen sprudelnden Quell im Schatten eines Waldes
3. Ein Sturm-Unwetter über den Wogen eines Meeres
4. Einen zündenden Blitz, der einen Baum entflammt und verbrennt.

Alle Erinnerungen an solche irgendwann erlebten Naturphänomene rufen im natürlich-gesunden, unbefangenen Menschen Staunen und Verwunderung hervor. Unschwer wird man anschließend erkennen, daß es sich um vier Tatbestände handelt, welche der griechischen Lehre von den vier Elementen entsprechen:

Die Kristalle	– der Erde
Der Quell	– dem Wasser
Das Unwetter	– der Luft
Der zündende Blitz	– dem Feuer.

In diesen vier Grundbegriffen: Erde, Wasser, Luft und Feuer sah man die vier Stufen dessen, was wir heute die physisch-mineralische Welt nennen. Da aber der Mensch nicht seelenlos zu erkennen suchte, *war ihm das, was er an den vier Stufen in sich selbst erlebte, ebenso wichtig wie die vier Naturstufen in der äußeren Welt.* Er sprach dann auch wohl von dem Weg des Menschen durch die Elemente, der ein «heiliger Weg» zu den Göttern war.

In der mittelalterlich-neuzeitlichen Alchimie bildeten die vier Elementenstufen die Grundlage für alles andere Naturgeschehen. Wer den Weg durch die vier Elemente absolviert hatte, dem begann sich die fünfte Stufe: die *quinta essentia, die Quintessenz* aller Dinge zu erschließen. So finden wir es noch bei Theophrastus Paracelsus und auch bei Jakob Böhme.

Es liegt nahe, die drei ersten Elemente mit den drei «Aggregatzuständen» der Physik zu vergleichen. Dann entspricht

Erde – dem festen
Wasser – dem flüssigen
Luft – dem gasigen Zustande.

Nur das Feuer bleibt für sich, da der heutige Physiker Feuer oder Wärme nur an anderen Substanzen als Bewegungsprozesse anerkennt, aber nicht als eigenen Aggregatzustand.

Da zur «Erde» alles gerechnet wurde, was im Diesseits durch den Sal-Prozeß feste Form angenommen hatte, so galt die Verwandtschaft des Elementes Erde nicht nur für die mineralische Welt, sondern für alle Leiblichkeit, also auch für Pflanze, Tier und Mensch.

«Wasser» war dementsprechend alles, was fließt und strömt, von den Quellen, Bächen, Flüssen, Strömen, Teichen, Seen und Meeren bis zu dem wassergetragenen Leben aller Organismen.

Zur «Luft» gehörte alles, was die Erde überhöht und von der Schwerkraft befreit sich bis zu den Wolken und den Bewohnern der Luft, den Insekten und Vögeln, und der Seele des Menschen erhebt.

Schließlich als viertes Element: «Feuer», von der brennenden Flamme, der Wärme von Sonne und Öfen bis zu dem leuchtend-flammenden Geiste des Menschen (Pfingsten!).

Die Schwierigkeit für den Gegenwartsmenschen besteht in dem für seine Bedürfnisse zu Unkonturierten der alten Begriffe. Doch wird man anerkennen können, ja müssen, daß auch ein solches älteres Denken realitätsbezogen war, und verstehen:

Erde entspricht aller Leiblichkeit,
Wasser entspricht allem Leben,
Luft wird erlebt in allem, was der Schwerkraft enthoben ist,
Feuer ist das Hereinleuchten eines Elementes vom «Jenseits» – im Blitz oder im Geiste des Menschen – in das «Diesseits».

Man erfühlt die Entsprechung:

Erde	– totes Mineral
Wasser	– lebendige Pflanze
Luft	– frei bewegliches Tier
Feuer	– der erkennende Mensch.

Dieser vierfache Stufenbau spiegelt sich wider in der Gliederung des Menschen selbst in: Leib (Mineral), Leben (Pflanze), Seele (Tier), Geist – und entspricht den tatsächlichen Verhältnissen. Nur so ist auch der untrennbare Zusammenhang des Menschen mit den Naturreichen verständlich.

Von diesem viergliedrigen Schema ist es nur ein Schritt, den Weg, den alljährlich im Frühling mit der aufsteigenden Sonne die Christen aller Konfessionen durch die Osterzeit gehen, als viergliedrigen Stufenpfad zu verstehen: von der Passion (Fastenzeit) über Ostern und Himmelfahrt bis Pfingsten.

Solange die urchristlichen Empfindungen noch in die Neuzeit hineinragten, bedeutete die Passionszeit, einst beginnend mit dem Aschermittwoch, das Versenken des Christen in den Leidensweg Jesu Christi und die Bewußtmachung des Zusammenhanges zwischen dem gefallenen Menschen (Sündenfall) und seiner Erlösung. Er erlebte die Großmacht *Tod* als das Ende jeglichen Lebens auf Erden. Er sah ein, daß seine eigenen Kräfte nie ausreichen würden, dieser Gegenmacht gewachsen zu sein. Die Formulierung der Materialisten: «Mit dem Tode ist alles aus» wurde als Teilwahrheit anerkannt, die so lange gültig ist, wie sich keine stärkere Kraft zeigt, welche den Tod zu überwinden imstande ist. In diesem Sinne war das Ziel aller Passionszeit der Karfreitag, der Tag, an dem der Tod als «Herr der Erde» von dem «Herren des Lebens» einmalig und endgültig überwunden wurde. Darum die Versenkung in den Kreuzestod, in die Wundmale und in das Blut des sterbenden Gottes, das von Haupt und Wunden zur Erde floß. Das Ende der ersten Stufe, der *Erden-Todesstufe* war erreicht.

Nach dem «stillen Karsamstag» begann mit dem *Ostermorgen* die zweite Stufe, die durch die Auferstehung aus dem Erdengrabe ihren Anfang nahm. So wie in der Natur die Frühjahrssonne alle Pflanzen aus der feuchten Erde nach Überwindung der Starre von Frost und Kälte des Winters mit Hilfe des Wassers zu neuem Leben erweckt, so erlebt der Christ die zweite, die Osterstufe der Auferstehung durch fünfeinhalb Wochen.

Dann gilt es die dritte Stufe zu erklimmen – in Erinnerung an die *«Himmelfahrt»* Christi. Daß dieses Fest heute nur noch wenig ernsthaft gefeiert wird, auch von Christen, hängt mit der Anforderung zusammen, die durch die «Himmelfahrt» an das Erkenntnisvermögen des Gegenwartsmenschen gestellt wird. Wenn die «Auferstehung» gedanklich schon nicht mehr verstanden wird, sondern allenfalls in Anlehnung an das Frühlingsgeschehen nur noch gleichnishaft gedeutet wird, so versagen der Himmelfahrt Christi gegenüber alle modernen Darstellungen.

Was verlangt wird, ist, eine Leiblichkeit sich denken zu können, die der Schwerkraft der Erde enthoben ist und sich so bis in die Region der Luft, zu den *Wolken*, zu erheben vermag. Dies ist die Leiblichkeit des Auferstandenen, die aber nicht mehr aus Erde und Wasser gebildet ist, sondern frei ohne Schwere in den Raum treten kann, auch «wenn die Türen verschlossen sind» (Joh. 20,19). Nicht jeder vermag und vermochte damals diese Erfahrung durch eigene Wahrnehmungen zu machen. So sagt schon Matthäus: «Etliche aber zweifelten» (Matth. 28,17). Am Ende der dritten Stufe erlebten sich die Jünger zwar wie allein gelassen, besser vielleicht gesagt: nur auf sich selbst gestellt – doch nach allem Erlebten: voller Vertrauen, in Erwartung! Und diese Hoffnung wurde nicht enttäuscht.

Als sie «einmütig beisammen waren», kam es über sie. *Wie* Flammen, die sich aus einem einzigen Feuer heraus zerteilten und je eine Flamme den einzelnen ergriff. Jetzt auf der vierten Stufe verstanden sie, was sie auf den drei vorausgegangenen erlebt hatten. Sie vermochten, vom Geistfeuer inspiriert, auch denen Kunde von dem schier Unfaßbaren zu geben, was über ihr eigenes Erleben hinausging. Das war das *Pfingsten* des Jüngerkreises, das immer möglich werden kann, wo Menschen über die drei Vorstufen in ehrlicher Christsuche in die vierte Daseinsschicht, in die Stufe des Feuers des Heiligen Geistes, hineinwachsen. Damit beginnt das «Jenseits» sich in neuer Weise im «Diesseits» kundzutun.

Zusammenfassung: Den vier Elementen entsprechen die vier Naturreiche und die vier Feste des Christentums.

Erde	Mineral	Passion
Wasser	Pflanze	Ostern
Luft	Tier	Himmelfahrt
Feuer	Mensch	Pfingsten.

Die vier Temperamente

Die Lehre von den vier Temperamenten ist so alt wie die Lehre von den vier Elementen. Ursprünglich war sie ein Teilgebiet der Medizin und wird als solches schon von Hippokrates und Galen behandelt. Als physiologische Grundlage diente die «Säftelehre» von Blut, Schleim, gelber Galle, schwarzer Galle, denen die vier Qualitäten von warm, kalt, feucht und trocken zugeordnet waren.

Auch diese alte Anschauung, die sowohl dem Griechentum wie dem Mittelalter durch zwei Jahrtausende gedient hatte, wurde von den Wissenschaftlern der Neuzeit als «wissenschaftlicher Aberglaube» vom Tisch gefegt. Wir meinen, daß es an der Zeit ist, auch auf diesem Felde dem Geiste der Vergangenheit Gerechtigkeit widerfahren zu lassen.

Damit meinen wir nicht, daß es eine Rückkehr zu den tatsächlich überholten Säfte- und Qualitätenlehren geben sollte. Wohl aber kann und muß der Wahrheitsgehalt des Alten in gegenwärtiger Begriffsbildung neu erfaßt werden.

Bekanntlich lauten die vier Temperamente:

melancholisch
phlegmatisch
sanguinisch
cholerisch.

In dieser Reihenfolge entsprechen sie genau den vier Elementen:

Der an der *Erde*, der Schwere zu sehr leidende, der *Schwer*mütige, ist der Melancholiker.

Der Überfluß an *Wäßrigkeit* läßt die Wachstumskräfte des Phlegmatikers überhand nehmen, das vegetative Leben obsiegt, Seele und Geist werden zurückgehalten. Stets wurde der Sanguiniker als *Luftikus* erlebt, als der Beweglichste von allen, der die Schwere der Tatsachen überspringt und gerne jedem *Wind*hauch folgt.

Und schließlich der Choleriker: Er gerät leicht «ins Kochen», wird vom Zorn erfaßt, die «Galle läuft ihm über», er brennt vor Wut. Ein unbeherrschtes *Feuer* verfälscht sein Wesen.

Der einzelne Mensch ist selten nur von einem einzigen Temperament gezeichnet. Es gibt die merkwürdigsten Verbindungen. Der Mensch der Mitte lebt alle vier Temperamente aus, er kennt die Stunden der Schwermut, sucht gelegentlich Tage des Nichtstuns, strebt eine höchstmögliche Wendigkeit in Beruf und Alltag an und erlebt von Zeit zu Zeit die eigene Unbeherrschtheit in Zornesausbrüchen.

Aber auch engere Verbindungen sind häufig, wie melancholisch-phlegmatisch oder sanguinisch-cholerisch.

Fragt man nach den Ursachen, welche die vier Temperamente bewirken, so liegen sie nach allem, was wir in den vorangehenden Kapiteln als gültige Wahrheiten aufzeigen konnten, auf der Hand. Der Mensch ist kein eingliedriges Wesen, wie er erscheinen mag, wenn man nur seinen Leib als Wirklichkeit nimmt und alles andere als Funktion des Leibes oder Anhängsel betrachtet.

Der normale Mensch ist *vier*gliedrig.[8] Ob wir das mit den gebräuchlichen Worten bezeichnen: er besteht aus Leib, Leben, Seele und Geist, oder uns der anthroposophischen Terminologie bedienen: aus physischem Leib, ätherischem oder Bildekräfte-Leib, Astral-Leib und Ich – stets wird damit zugleich sein Verwandtschaftsverhältnis zu seiner natürlichen Umwelt angesprochen.

Der physische Leib entspricht der unbelebten, mineralischen Welt. Im Tode offenbart der zerfallende und sich auflösende Leichnam diese Zugehörigkeit.

Das ätherische Leben im Menschen entspricht dem Pflanzenhaften. Es sind die Wachstumskräfte, die den physischen Leib im Stoffwechsel auf- und abbauen, seine Gestalt bilden und regenerieren, Haut und Haare wachsen lassen und auch im Schlafe nicht aufhören, die gesundenden Kräfte zu aktivieren.

Die Seele birgt die Summe der Erlebnis- und Bewußtseinsvorgänge des Menschen. Das Wort «Astral-Leib» gründet auf den uralten Erfahrungen – man denke an Chaldäa, Babylon und Ägypten –, daß das seelische Erleben des Menschen von Sonne, Mond und den Sternen her beeinflußt wird. Es ist das dritte Glied im Menschen, durch das er zugleich dem ganzen Tierreich verwandt ist.

Und schließlich wirkt der Geist als Ich, das auf Erden nur der Mensch besitzt und durch das er allein «die Krone der Schöpfung» ist. Hier wird besonders deutlich, daß Stärke und Schwäche, Klarheit und Trübung, Geistverbundenheit und Geistverlassenheit des «Ich» primär über den Rang eines Menschen entscheiden.

Nach dem so Angedeuteten dürfte klar sein, daß die Lehre von den vier Temperamenten nicht auf «naturphilosophischer Spekulation – ohne wirklichkeitsgemäße Beobachtungen», wie es im Handwörterbuch von 1913: «Religion in Geschichte und Gegenwart» zu lesen ist, sondern der Tatsachenwelt des Menschen abgelesen ist.

Wenn der physische, der Schwere unterworfene Mensch überhand nimmt, so daß die Seele und Geist darunter leiden, entsteht der Melancholiker.

Wenn die Lebenskräfte unbegrenzt wuchern, das Biologisch-Physiologische im Menschen alles überlagert, breitet sich das Phlegma aus.

Werden physischer und Lebens-Leib zurückgedrängt, greift

gleichzeitig das Ich nicht genügend lenkend ein, haben wir es mit dem Sanguiniker zu tun, der jeder neuen Anregung von außen folgt.

Als letztes: der zornige Choleriker. Die Aufgabe des geistigen Ich ist, lenkende Zentrale des ganzen Gebildes zu sein, das sich Mensch nennt. Verliert dieses, und sei es auch nur für Augenblicke, die Zügel aus der Hand, so können Jähzorn und Unbeherrschtheit den betreffenden Menschen in seinen Äußerungen verfälschen. In der Regel bereut er bald selbst, was er «Herrenlos» gesagt oder getan hat. Denn das cholerische Temperament offenbart eine Ich-Schwäche.

Wir fassen zusammen:

Die vier Temperamente spiegeln jeweilig das Überhandnehmen eines der vier Wesensglieder des Menschen. Überwiegt der physische Leib über Seele und Geist: Melancholie; überwiegt der ätherische Leib über den physischen Leib und drängt die Aktivität von Seele und Geist zurück: Phlegma; überwiegt die Seele, das Astralische über die drei anderen Wesensglieder, so entsteht der Sanguiniker; überwiegt eine Ich-Schwäche, so kann ein cholerischer Ausbruch folgen.

An diesem Beispiel der Temperamenten-Lehre dürfte deutlich geworden sein, was wir als Aufgabe bezeichneten: alter Weisheit nicht geringschätzig und hochmütig gegenüberzustehen, sondern mit Gegenwartsbewußtsein sich den Kern alter Wahrheiten neu zu erobern!

Die Erde als Lebensraum der Menschheit

Mensch und Erde bilden eine untrennbare Einheit. In den drei Stufen von Mineral-, Pflanzen und Tierreich steigt die Natur zum Menschen hinauf und ermöglicht ihm seine Existenz. Der Mensch seinerseits birgt diese drei Stufen als Wesensglieder in sich und überhöht sie durch das Bewußtwerden seiner selbst und seiner Umwelt.

Wir sahen:

Der Mineralwelt der Erde entspricht das unterste Wesensglied des Menschen: der irdische, physische Leib. Dieser dient der individuellen Geistseele des Menschen eine bestimmte Zeit und wird mit dem Tode als Leichnam wieder abgelegt. Als solcher wird er ein Glied seiner physischen Umwelt und löst sich nach den Gesetzen der Physik und Chemie in den allgemeinen Erdenleib auf. «Erde zu Erde, Asche zu Asche.»

Solange der Mensch auf Erden lebt, ist sein Körper von *Lebenskräften* durchdrungen. Diese formen und bewahren seine Gestalt, Wirken im Blute, lenken den Stoffwechsel und jegliches Wachstum. Auch im Schlafe sind sie tätig wirksam. Gleich den Pflanzen äußern sie keine Empfindsamkeit, sondern leben ausschließlich in Auf- und Abbau des Körpers.

Der dritten Stufe im Naturreich der Erde, dem Tierreich, entspricht im Menschen die empfindsame Seele. Sie ist nicht, wie der Materialismus es dargestellt hat, eine bloße Funktion des Leibes, sondern ein selbständiges Glied des Menschen. Der lebendige Leib ist das Haus, die Geistseele der Bewohner. Infolge inniger Verkettung der beiden ist eine gegenseitige erhebliche Abhängigkeit unleugbar. Je nach der Stärke der Glieder ist ein Mensch mehr vom Zustand seines Leibes abhängig oder vermag ein anderer durch Disziplin und Willenskraft von der seelisch-geistigen Seite auf seinen Körper Einfluß zu nehmen. Das tägliche Leben liefert viele Beispiele für diese unleugbaren Tatbestände.

Man denke nur an die Leistungen indischer Fakire, die durch Schulung ihres geistigen Willens eine ungewöhnliche Vollmacht über ihre leiblichen Funktionen erreichen. Auch christliche Mönche haben durch seelisches Training und Askese ihr Körperleben in Richtungen gelenkt, die in deutlichem Widerspruch zu den natürlichen physiologischen Prozessen standen. Es sei nur an das Phänomen der Stigmatisierung erinnert, das seit der Zeit des Franziskus von Assisi bis hin zu Therese von Konnersreuth die menschlichen Gemüter in Staunen und Erregung versetzt hat. Die Hilflosigkeit des Materialismus wird durch solche außergewöhnlichen Ereignisse spontan offenbar. Denn wie soll aus einem normalen Leibesleben erklärt werden, wenn plötzlich Blutungen auftreten, die exakt von den Stellen ausgehen, die als Jesu Christi Wundmale an Kopf, Brustseite, Händen und Füßen bekannt sind? Hier hilft keine noch so gute physisch-psychologische Einsicht im Sinne der «exakten Wissenschaft». Da aber das spirituelle Verständnis nicht entwickelt wurde, bleibt nur der «Wunderglaube», den der moderne Mensch mit Recht als unzeitgemäß empfindet. So entsteht die oben berührte Hilflosigkeit, die nur durch wirkliche Geisterkenntnis überwunden werden kann.

Die gegenwärtige Zunahme an Interesse für östliche Seelenschulung, insbesondere für Yoga-Übungen, ist ein Beweis dafür, daß heute das Bedürfnis besteht, die materialistische Weltanschauung zu überwinden. Leider zeigt sich auch hier der heutige Dilettantismus auf dem geistigen Felde, indem Meditations-

Praktiken übernommen werden, die primär aus der Vergangenheit stammen. Damals mögen diese Übungen durchaus den Bedürfnissen östlicher Menschen entsprochen haben. Für Mittel- und Westeuropäer sind sie in der Regel unbrauchbar.

Andererseits besteht für den Seelengeist des Menschen durchaus die Notwendigkeit, sich über seine Abhängigkeiten vom Leibe Rechenschaft zu geben und dieselben im Leben zu beachten. Es ist ein Irrtum zu meinen, daß Gehirn und Nerven Gedanken produzieren. Das Gehirn ist ein Leibesorgan, Gedanken sind seelisch-geistige Realitäten. Nicht der sichtbare Leib denkt, sondern der unsichtbare geistige Mensch – aber mit Hilfe des Gehirns als leiblichem Werkzeug. So wie jeder Handwerker an sein Werkzeug gebunden ist, oftmals durch dasselbe die Begrenzung seiner Schaffensmöglichkeit erfährt, so ist für jeden Menschen der Zustand, die Beschaffenheit seines Hirns von großer Bedeutung. Niemals darf dies übersehen werden.

Doch gibt es auch ein Zuviel der Anerkennung der leiblichen Abhängigkeit des Menschen. In diesem Falle tut der Mensch nur, was der Leib ohne Widerstand hergibt. Wir nennen es schlicht: Faulheit. Veranlagt ist der Mensch auf Beherrschung seines Leibes. Doch gelingt dieselbe nur bei steter Übung. Alle wahre Erziehung sollte diesem Ziele untergeordnet sein: sowohl die Erziehung des Nachwuchses wie die Selbsterziehung.

Hier gilt es den Unterschied klar ins Auge zu fassen, was wir das «Tier in uns» und was wir den «Menschen in uns» nennen müssen. Durch unsere Triebe, Wunschgebiete, durch alles elementar Erfühlende ist der Mensch, so sahen wir, dem Tierreich als Ganzem verwandt. Bei aller Einseitigkeit, welche der Psychoanalyse anhaftet, bleibt es doch ihr – und vor allem C. G. Jungs – Verdienst, daß das Augenmerk auf diese schier unentwirrbaren Zusammenhänge ernsthaft gerichtet worden ist. Mancher, der vermeinte, «freier Herr im eigenen Hause» zu sein, mußte entdecken, daß die inneren Tatsachen und Abläufe dem erheblich widersprechen. Denn die Verknüpfung des inneren

Regenten, den wir unser «Ich» zu nennen gewohnt sind und der uns erst über Pflanzen und Tiere zu eigentlichen Menschen erhebt, ist nicht leicht zu durchschauen. Die Frage, was dieses Ich wesenhaft ist, ist überaus schwer beantwortbar. Allein die Tatsache, daß das Ich erst durch das Bewußtsein als Realität erlebt wird, ist ein erhebliches Erkenntnisproblem. Solange wir wachen, können wir unser Ich als Zentrum unserer leiblichen und seelischen Kräfte erleben. Aber in dem Augenblick, da wir in den Schlaf versinken oder in eine Ohnmacht fallen, entschwindet das Ich dem Bewußtsein, verlieren wir unser bewußtes Sein. Auch für unsere Umwelt erscheint dann dieser unser geistiger Kern wie ausgelöscht. Doch wird wohl niemand behaupten, daß in dem gleichen Augenblick das Ich zu existieren aufhört. Denn dann hätten wir es beim Aufwachen oder bei dem Wieder-zu-sich-Kommen nicht mehr mit demselben Ich zu tun, sondern mit einer Neuschöpfung. Das aber widerspräche allen unseren Erfahrungen. Das Ich erkennt sich, nach der Nacht aus dem Schlafe erweckt, durchaus als «Selbst» wieder, dem sein Leib, seine Seele und die Umwelt vertraut und durch die Erinnerungskraft eng verbunden sind.

In aller Kürze sei das Angedeutete zusammengefaßt:

Erde und Mensch bilden eine Einheit. Den drei Stufen in der Natur: Mineral, Pflanze und Tier entsprechen die drei unteren Wesensglieder des Menschen: physischer Leib, Lebensleib, Triebkräfte der Seele. Diese Entsprechung bedeutet zugleich eine innige Verknüpfung des «Naturaußen» mit dem Menschen. Erst im tagwachen Zustande seines Ich-Bewußtseins betritt der Mensch seine eigentliche Sphäre. Gerät er unter ein «Zuviel» von Abhängigkeit durch die drei Stufenmächte der Umwelt und der Eigenwelt, so verliert das Ich seine Lenkungskraft und wird unfrei. Dies aber steht im Widerspruch zur eigentlichen Mission dieses «Ich», die nur dann erfüllt ist, wenn es als Regent seine Innen- und Außenwelt innerhalb der gegebenen Grenzen in Freiheit lenkt. Wir werden darauf im letzten Kapitel zurückkommen.

Der Geist im Pflanzenreich

Goethe als Wegweiser

Goethe war nicht gewillt, sich die Welt in zwei Hälften trennen zu lassen, in die Welt des Geistes und die Welt der Materie, in ein unsichtbares Jenseits und ein sichtbares Diesseits. Darum wählten wir seinen «Wahrspruch» als Motto für dieses Buch:

«Willst du ins Unendliche schreiten,
Geh im Endlichen nach allen Seiten.»

Doch war sich Goethe der Schwierigkeit, dieses so einfache Postulat im Erkenntnisgebiet zu erfüllen, wie kaum ein anderer Mensch bewußt, daß nämlich «... zwischen Idee und Erfahrung eine gewisse Kluft befestigt scheint, die zu überschreiten unsere ganze Kraft sich vergeblich bemüht». Das aber ist für ihn kein Grund, von seinem Bemühen nach Erfassung des Geistes im Ganzen der Welt abzulassen: «Demohngeachtet bleibt unser ewiges Bestreben, diesen Hiatus mit Vernunft, Verstand, Einbildungskraft, Glauben, Gefühl, Wahn und, wenn wir sonst nichts vermögen, mit Albernheit zu überwinden.»

Indem Goethe die Worte «Wahn und Albernheit» braucht, deutet er an, wie sehr er sich der Gefahren seines Erkenntnisweges bewußt ist. «Die Schwierigkeit, Idee und Erfahrung miteinander zu verbinden, erscheint sehr hinderlich bei aller Naturforschung;

die Idee ist unabhängig von Raum und Zeit, die Naturforschung ist in Raum und Zeit beschränkt.» Nur zu gut weiß Goethe, wie schwer es ist, wenn man das Leitseil der physischen Wahrnehmung und Beobachtung losläßt und sich auf die Geistsuche in der Natur begibt, objektiv zu bleiben und nicht in subjektive Empfindungen abzugleiten.

Um so ernster war er bestrebt, alle Seelen- und Geisteskräfte in sich aufzurufen, um sein Ziel zu erreichen. So schreibt er in seiner «Farbenlehre»: «Um aber einer solchen Forderung sich zu nähern, müßte man keine der menschlichen Kräfte bei wissenschaftlicher Tätigkeit ausschließen. Die Abgründe der Ahndung, ein sicheres Anschauen der Gegenwart, mathematische Tiefe, physische Genauigkeit, Höhe der Vernunft, Schärfe des Verstandes, bewegliche, sehnsuchtsvolle Phantasie, liebevolle Freude am Sinnlichen, nichts kann entbehrt werden ...»

Über seine «Metamorphose der Pflanzen» sagt er: «Denn das Unternehmen war nichts Geringeres als dasjenige, was ich im allgemeinen aufgestellt, dem Begriff, dem inneren Anschauen in Worten übergeben hatte, nunmehr einzeln, bildlich, ordnungsgemäß und stufenweise dem Auge darzustellen und auch dem äußeren Sinne zu zeigen, daß aus dem Samenkorne dieser Idee ein die Welt überschattender Baum der Pflanzenkunde sich leicht und fröhlich entwickeln könne.»

Oft und oft hat Goethe versucht, diesem Gedanken Ausdruck zu geben. In einer Kontroverse mit dem bedeutenden Arzt und Anatom Caspar Friedrich Wolf (1733–1794) bedauert Goethe, daß dieser «treffliche Mann» nicht bedachte, «daß es ein Unterschied sei zwischen sehen und sehen, daß die Geistesaugen mit den Augen des Leibes in stetem Bunde zu wirken haben, weil man sonst in Gefahr gerät, zu sehen und doch vorbeizusehen».

Fehlen die Geistesaugen, so bleiben alle Aussagen Stückwerk. So freute sich Goethe, daß auch Schiller von einer «zerstückelten Art, die Natur zu behandeln» sprach. Im «Faust» (I. Teil, Verse

319–322) spricht er seine Kritik an der bloß analytischen Naturwissenschaft mit den bekannten Worten aus:

«Geheimnisvoll am lichten Tag
Läßt sich Natur des Schleiers nicht berauben.
Und was sie deinem Geist nicht offenbaren mag,
Das zwingst du ihr nicht ab mit Hebeln und mit Schrauben.»

Mit der gleichen Klarheit, mit der sich Goethe gegen die geistlose Wissenschaft wendet, die sich nur auf sinnliche Wahrnehmung beschränkt und nicht den in der Natur wirksamen Ideen (Entelechien nach Aristoteles) nachspürt, bekämpfte Goethe die luciferische Gegengefahr. Er geht so weit, seine eigene Idee der Pflanzenmetamorphose «eine höchst ehrwürdige, aber zugleich *eine höchst gefährliche Gabe von oben*» zu nennen. Von ihr sagt er: «Sie führt ins Formlose, zerstört das Wissen, löst es auf. Sie ist gleich der vis centrifuga und würde sich ins Unendliche verlieren, wäre ihr nicht ein Gegengewicht zugegeben: ich meine den Spezifikationstrieb ... eine vis centripeta ...»

Wie sehr diese Charakterisierung seines Erkenntnisweges zutrifft, können diejenigen am besten beurteilen, die anderthalb Jahrhunderte später – zumeist auf Anregung durch Rudolf Steiner – bemüht sind, diesem «Goetheanismus» den Weg zu bereiten. Wer Geistiges nur geistig und Leibliches nur leiblich zu beschreiben und zu erkennen sucht, hat die hier gekennzeichnete Aufgabe noch nicht erfaßt. Wer aber den Geist in allen Daseinsschichten der Natur zu erfassen versucht, erlebt, welchen schwer zu verfolgenden Gratweg er zu gehen hat – zwischen dem Verfallen an das Unten und dem Sichverlieren im Oben, oder wie Goethe es nennt: zwischen «scheidender Pedanterie und verflößender Mystik».

Am 15. Mai des Jahres 1785, also sechsunddreißigjährig, schrieb Goethe an Frau von Stein: «Wie lesbar mir das Buch der Natur wird, kann ich dir nicht ausdrücken, mein langes Buchstabieren hat mir geholfen, jetzt wirkt's auf einmal und meine stille Freude ist unaussprechlich.»[9]

Wenige Wochen nachdem er diese Zeilen geschrieben hatte, finden wir Goethe in Karlsbad. Dort zieht er unablässig hinaus in die Landschaft, um Pflanzen zu sammeln. Ein siebzehnjähriger Jüngling mit Namen Friedrich Gottlieb Dietrich begleitete ihn und trug die Botanisiertrommel. Schon zuvor war es Goethe bewußtgeworden, daß die Kenntnis der unterschiedlichen Namen, der einzelnen Arten und Gattungen von Mineralien, Pflanzen und Tieren die Voraussetzung zum Lesen im Buche der Natur bildet. So stieß er auf Linnés (1707–1778) Lebenswerk und entnahm ihm, was er für sich und seine Studien fruchtbar machen konnte. Aus seiner «Geschichte meines botanischen Studiums» erfahren wir: «Linnés Terminologie, die Fundamente, worauf das Kunstgebäude sich stützen sollte, Johann Geßners Dissertationen zur Erklärung Linnéscher Elemente, alles in einem schmächtigen Hefte vereinigt, begleiteten mich auf Wegen und Stegen ... Linnés Philosophie der Botanik war mein tägliches Studium, und so rückte ich immer weiter vor in geordneter Kenntnis, indem ich mir möglichst anzueignen suchte, was mir eine allgemeinere Umsicht über dieses Reich verschaffen konnte.»

Im Grunde seines Wesens war Linnés systematische Art Goethe dennoch zuwider. Aber er hatte erkannt, daß die unterscheidende Kenntnis der Pflanzenarten für die Geist-Erkenntnis, wie er sie anstrebte, vorausgehen müsse. So bekennt er, «daß nach Shakespeare und Spinoza auf mich die größte Wirkung von Linné ausgegangen und zwar gerade durch den Widerstreit, zu welchem er mich aufforderte. Denn indem ich sein scharfes, geistreiches Absondern, seine treffenden, zweckmäßigen, oft aber willkürlichen Gesetze in mich aufzunehmen versuchte, ging in meinem Innern ein Zwiespalt vor: das, was er mit Gewalt auseinanderzuhalten suchte, mußte nach dem innersten Bedürfnis meines Wesens zur Vereinigung streben.»

Goethe gesteht, daß es ihm gar nicht leicht geworden sei, die

Nomenklatur der Pflanzenwelt nach Linné sich einzuprägen. Doch durch häufige Wiederholung gelang es ihm, wenn auch mit Anstrengung und Mühe. Denn «Trennen und Zählen lag nicht in meiner Natur».

Andererseits kannte Goethe, wie gesagt, selbst am besten die Gefahren, welche mit seiner eigenen Forschungsmethode verbunden sind. So schließt das Gedicht über die «Metamorphose der Tiere» (1820), auch ’Αϑροισμός (Athroismos = Sammlung)[10] genannt, mit der Zeile: «*Daß du schauest, nicht schwärmst,* die liebliche volle Gewißheit.» Gerade weil er das Unzureichende von Wissenschaftlern, deren Forschungsart er als «scheidende Pedanterie» kennzeichnete, durchschaute, suchte Goethe sich nach der anderen Seite, der Schwärmerei gegenüber, abzusichern. Für diese Gegengefahr hat er, wie wir schon erwähnten, das grandiose Wortgebilde geprägt: «verflößende Mystik».

Nur wenn man diesen Gratweg Goethes zwischen «scheidender Pedanterie» und «verflößender Mystik» sieht und die Mitte zu halten versucht, wird man der Bedeutung seiner einmaligen Bemühungen um ein wirkliches Lesenkönnen im Buche der Natur gerecht werden und selbst auf diesem Pfade gehen zu lernen beginnen.

Goethe schickt seinem biologischen Hauptwerk «Die Metamorphose der Pflanze» nicht weniger als drei Einleitungen voraus. Sie sind überschrieben:

«Das Unternehmen wird entschuldigt»
«Die Absicht eingeleitet»
«Der Inhalt bevorwortet».

Dem an Zeitraffung gewöhnten Menschen von heute erscheint eine solche Methode umständlich und langatmig. In Wirklichkeit ist aber dieser behutsame und ausführliche Stil außerordentlich geeignet, den Leser auf die notwendige innere Beschaulichkeit hinzuweisen, ohne die es keinen Zugang zu der Wesenstiefe der Natur gibt.

Bewußt spricht Goethe über die Grundhaltung seiner Forschung in dem zweiten der Vorworte «Die Absicht eingeleitet»: «Wenn wir Naturgegenstände, besonders aber die lebendigen, dergestalt gewahr werden, daß wir uns eine Einsicht in den Zusammenhang ihres Wesens und Wirkens zu verschaffen wünschen, so glauben wir zu einer solchen Kenntnis am besten durch Trennung der Teile gelangen zu können, wie denn auch wirklich dieser Weg uns sehr weit zu führen geeignet ist. Was Chemie und Anatomie zur Ein- und Übersicht der Natur beigetragen haben, dürfen wir nur mit wenig Worten den Freunden des Wissens ins Gedächtnis zurückrufen.

Aber diese trennenden Bemühungen, immer und immer fortgesetzt, bringen auch manchen Nachteil hervor. Das Lebendige ist zwar in Elemente zerlegt, aber man kann es aus diesen nicht wieder zusammenstellen und beleben. Dieses gilt schon von vielen anorganischen, geschweige von organischen Körpern.

Es hat sich daher auch in dem wissenschaftlichen Menschen zu allen Zeiten ein Trieb hervorgetan, die lebendigen Bildungen als solche zu erkennen, ihre äußeren, sichtbaren, greiflichen Teile im Zusammenhange zu erfassen, sie als Andeutungen des Innern aufzunehmen und so das Ganze in der Anschauung gewissermaßen zu beherrschen.»

Soll dies gelingen, gilt es die Natur nicht als statisch-fertiges Produkt von seiten des Menschen entgegenzunehmen, sondern das Gestaltete im inneren Anschauen wieder in Bewegung überzuführen, den Entstehungsprozeß, der zur Gestalt führte, geistig zu wiederholen.

«Wollen wir also eine Morphologie einleiten, so dürfen wir nicht von Gestalt sprechen, sondern, wenn wir das Wort brauchen, uns allenfalls dabei nur die Idee, den Begriff oder ein in der Erfahrung nur für den Augenblick Festgehaltenes denken.

Das Gebildete wird sogleich wieder umgebildet, *und wir ha-*

ben uns, wenn wir einigermaßen zum lebendigen Anschauen der Natur gelangen wollen, selbst so beweglich und bildsam zu erhalten, nach dem Beispiele, mit dem sie uns vorgeht.»

Diese wenigen Absätze vermitteln die Grundthesen für jene Forschung, die von Goethe begonnen wurde und die auch heute noch als Aufgabe für die Zukunft von Generationen auf umfassende Lösung wartet.

Für Goethe kommt es stets nicht nur auf den Inhalt seiner Aussagen als solche an, sondern auf das «Wie» der Darstellung. Noch heute kann man in Pflanzenbüchern lesen: «Eine Pflanze *zerfällt* in Stengel, Wurzel, Blatt und Blüte.» Es folgen dann die Absätze, die sich jeweilig mit einem der genannten Teile beschäftigen. Dem muß mit Goethe geantwortet werden:

«Wer will was Lebendig's erkennen und beschreiben,
Sucht erst den Geist herauszutreiben,
Dann hat er die Teile in seiner Hand.
Fehlt leider! nur das geistige Band.»

Gerade dieser so durch Mephistopheles gekennzeichneten Wissenschaft setzt Goethe die eigene entgegen. Dabei beginnt er auf der unteren Ebene und schreitet dann von Stufe zu Stufe empor.

Indem er sich der einfachsten Begriffe von «Unten» und «Oben» bedient (Seite 26), kann er mit einem Satze die Pflanze, deren Wesen es zu erfassen gilt, in das Weltganze einfügen. Sie gehört durch ihre Wurzel dem *Unten* an: der Erde, der Feuchtigkeit und Finsternis – andererseits durch Stengel und Stamm dem *Oben*: dem Himmel, dem Licht und der Luft. So erscheint die Pflanze in der Mitte, als Mittlerin zwischen beiden Polen.

In einem Satze seiner Einleitung zur «Metamorphose der Pflanze» tritt diese geniale Einfachheit der Denkart Goethes in Erscheinung: «Wie wir nun einen solchen Wunderbau betrachten und die Art, wie er hervorsteigt, näher einsehen lernen, so begegnet uns abermals ein wichtiger Grundsatz der Organisation: daß kein Leben auf einer Oberfläche wirken und daselbst seine hervorbringende Kraft äußern könne, sondern die ganze Lebenstätigkeit verlangt eine Hülle, die gegen das äußere rohe Element, es sei Wasser oder Luft oder Licht, sie schütze, ihr zartes Wesen bewahre, damit sie das, was ihrem Innern spezifisch obliegt, vollbringe. Diese Hülle mag nun als Rinde, Haut oder Schale erscheinen, alles, was zum Leben hervortreten, alles, was lebendig wirken soll, muß eingehüllt sein. Und so gehört auch alles, was nach außen gekehrt ist, nach und nach frühzeitig dem Tode, der Verwesung an. Die Rinden der Bäume, die Häute der Insekten, die Haare und Federn der Tiere, selbst die Oberhaut des Menschen, sind ewig sich absondernde, abgestoßene, dem *Unleben* hingegebene Hüllen, hinter denen immer neue Hüllen sich bilden, unter welchen sodann, oberflächlicher oder tiefer, das Leben sein schaffendes Gewebe hervorbringt.»

Man mag einwenden, daß Goethe mit dieser Darstellung nichts Neues gesagt habe. Und doch wird man heute in botanischen Lehrbüchern nichts finden, das *so* über Leben und Tod im Pflanzenreich berichtet. Dabei handelt es sich um ein *Grundgesetz des Lebens* auf Erden schlechthin: *alles, was Leben zeigt, muß von totem Gewebe umhüllt sein.* Der Tod wird von den Organismen an allen Oberflächen als Schutz des Lebens eingesetzt. Goethe vollzieht hier sogar eine Wortneuschöpfung: Für Tod sagt er *«Unleben»*. So spricht er in der Einleitung zu seinem Pflanzenwerk ein Urphänomen aus, von dem alles Leben auf Erden durchdrungen ist. Der Tod ist für ihn zugleich Gegner und Diener des Lebens. In dem Aufsatz «Die Natur» (1780) nennt er ihn den «Kunstgriff der Natur, viel Leben zu haben».

Vom Unten und Oben

Es gibt Pflanzen, deren Gestalt dem über das Wesen der Pflanze Gesagten widerspricht: die *Pilze.* Was der Laie als Pilz bezeichnet, ist für den Botaniker nur die Fruchtform. Diese strebt zwar auch im Sinne der Vertikalen sich von der Erde zu erheben, doch im Grunde nur, wenn der sogenannte Hutpilz einen Stiel ausbildet. Schon der «Hut» pflegt sich mehr oder weniger in der Horizontalen zu gestalten.

Der eigentliche Pilz lebt unter der Oberfläche der Erde, so der Waldpilz im Humus des Waldbodens. Dort bildet er sein Myzel genanntes farbloses Zellengeflecht (aus «Hyphen»), das von einer Spore seinen Anfang nimmt und sich mehr oder weniger kreisrund in der Horizontalfläche entfaltet.

Vielfach mit dem Ende des Sommers und dem Beginn des Herbstes durchbrechen die Fruchtkörper die Bodendecke – «wie Pilze über Nacht» – und werden für kurze Zeit sichtbar. Feuchte und Wärme sind dabei fördernde Elemente. Schnell reifen die Sporen, versprühen sich über den Boden oder werden von Tieren (Schnecken!) verschleppt, und schon sinkt das Fruchtgebilde wieder verfaulend in sich zusammen.

Offenkundig haben die Pilze nicht die gleiche Beziehung wie die anderen Pflanzen zur Sonne. Im Gegensatz zur Pflanzenblüte, die sich der Sonne öffnet, bildet in der Regel der Pilz nach «oben» eine abschließende Schutzhaut, die Sporen entstehen an der Unterseite des Pilzhutes und kehren von dort auf schnellstem Wege in die eigentliche Heimat der Pilze, in das lichtlose Dunkel, das «Unten» zurück. Die Frage ist durchaus berechtigt: Sind Pilze überhaupt «echte» Pflanzen? Auf jeden Fall haben sie das nicht zu eigen, was das Wesen der höheren Pflanzen ausmacht: Im Verfolg der Vertikalen, bei aller Ausbreitung im Horizontalen, im Ergrünen das Unten mit dem Oben, die Tiefe mit der Höhe, die Erde mit der Sonne zu verbinden.

Statt dessen sind die Pilze Fäulnisbewohner oder Schmarotzer.

Als solche haben sie im Diesseits unverkennbar ihre Mission und dienen vor allem dem Abbau organischer Substanzen, so daß diese erneut in den Aufbau der Sonnenpflanzen eingegliedert werden können. Stärker als Kraut, Strauch und Baum sind *die Pilze der Wirksamkeit des Mondes unterworfen*, doch wird davon erst später die Rede sein.

Zwischen Pilzen und Algen scheint eine gewisse Verwandtschaft zu bestehen. Beiden Pflanzengruppen ist die stärkere Beziehung zum «Unten» eigen, nur daß die Algen, deren Umwelt nicht so sehr die Erde ist, als Medium primär die eigentliche Wasserwelt bevorzugen. Algen können ergrünen, auch wenn in Braun- und Rotalgen das Grün überdeckt wird. Ihre Wachstumskraft sowohl im Süß- wie im Salzwasser verdanken sie der Sonnenenergie und vermögen so vielfältige Formgestalten auszubilden. Manche Algen sind nur einzellig, mikroskopisch klein, andere, zum Beispiel bestimmte Braunalgen, können im Meere die ansehnliche Länge von 70 Metern erreichen. Allen ist gemeinsam, daß sie im *Unten* verbleiben und unfähig sind, Blüten im Sinne der «höheren» Pflanzen zu entwickeln.

Wesentlich unterschiedlicher ist das Verhältnis von Pilzen und Algen zu Sonne und Mond. Pilze bleiben im Unten, Algen suchen das Oben.

Wie eine geniale Synthese dieses Gegensatzes in der Natur erscheinen die Flechten. Sie verdanken ihre Existenz einer Symbiose aus Pilz und Alge. Wie das Wort «Symbiose» es sagt: ein miteinander, füreinander Zusammenleben. In jeder Flechte bilden Pilz und Alge die Partner, die durch ihr Anderssein sich gegenseitig zum Nutzen werden. Die Alge assimiliert das Sonnenlicht, der Pilz reguliert den inneren Wasserhaushalt. Es erscheint die Flechte als ein Ganzes, doch in Wahrheit ist sie eine Verbindung von Pilz und Alge, ein Wesen des Unten, das sich durch die Algen-Fähigkeit des Ergrünens dem Oben öffnet.

Die «Landgänger»

Mit der Bezeichnung «Landgänger» sollen jene Pflanzengruppen gekennzeichnet sein, die in der Sprache der Botanik einen Generationswechsel durchlaufen. Zu ihnen gehören die Moose, Farne, Bärlappgewächse und Schachtelhalme. Sie beginnen mit einer Generation, die zur Bildung von männlichen und weiblichen Zellen führt. Nach der Befruchtung entsteht eine zweite Generation, die sich durch ungeschlechtliche Sporenbildung fortpflanzt. Diese Vorgänge sind von der Botanik gründlich untersucht und in jedem Lehrbuch nachzulesen.

Weniger betont wird im allgemeinen die Tatsache, daß die erste Generation in der Regel wassergebunden lebt, die zweite zwar noch die Feuchtigkeit – auch als Luftfeuchtigkeit – bevorzugt, aber sich doch zu echten Landpflanzen entwickelt.

Ein geeignetes Studienobjekt sind in dieser Beziehung die Moose. Aus einer Spore entwickelt sich die erste Generation in zwei Stadien. Zuerst bildet sich ein Vorkeim, der für den Laien kaum von einem Algenfaden zu unterscheiden ist. Dieser Vorkeim, Protonema genannt, gedeiht nur, wenn er ein wasserdurchtränktes Medium vorfindet, in dem er sich entsprechend entwickeln kann. An den Enden des Vorkeimes entstehen kleine Brutknospen, aus denen die bekannte Moospflanze hervorgeht. Diese sind im Prinzip Landbewohner, einige wenige Arten verbleiben im Wasser. Doch auch diesen wohnt die Tendenz inne, sich auf feuchter Erde anzusiedeln.

Alle Moose sind immergrün und autotroph, das heißt ernähren sich selbständig in verwandter Weise wie die höheren Pflanzen, indem sie Nährstoffe dem Boden und Lebensenergie mit Hilfe des Blattgrüns (Chlorophyll) der Sonnenkraft entnehmen.

Unschwer kann man zwei deutlich getrennte Moosgruppen unterscheiden: Lebermoose und Laubmoose. Die differenzierte Beziehung zum Unten und Oben tritt deutlich bei beiden in Erscheinung.

Die Lebermoose bleiben lebenslang stärker als die Laubmoose dem feuchten Element verbunden. Dem entspricht auch ihre Bevorzugung der Horizontalen als Wachstumsrichtung. Den Namen «Lebermoose» haben sie durch ihre äußere Gestalt erhalten, einen leberlappigen Thallus, der auf dem Erdboden wachsend sich bis zu zwei Zentimeter breit bandartig in der Horizontalen vorschiebt. Der ganze Thallus wirkt fleischig und verzweigt sich gabelig an seinen Enden. An feuchten Orten, in der Nähe von Wasserquellen und in Grotten sind Lebermoose leicht zu finden. Das Brunnenlebermoos (Marchantia polymorpha) ist wohl der bekannteste Vertreter dieser Moose.

Die Lebermoose beginnen ihr Dasein im Wasser, werden aber dann zu echten Landbewohnern, die allerdings auch weiterhin eine gewisse Feuchte bevorzugen. Als Landgänger bleiben sie dem Wachstum in der Horizontalen treu. Nur die Träger der männlichen und weiblichen Organe erheben sich über den Thallus in die Höhe, in die Vertikale.

Anders ist die Lebensart der Laubmoose. Zwar gedeihen ihre Vorkeime gleichfalls nur im Wasser, aber aus den Brutknospen entsteht die Moospflanze, die in der Regel schon eine deutliche Tendenz zu weniger Feuchte und damit zugleich zur Vertikalen zeigt. Die kleinen Pflanzen gliedern sich im Gegensatz zu den Lebermoosen deutlich in Stengel und Blätter, die sich durch starke Regenerationskräfte auszeichnen. Am Ende der Hauptachsen bilden sich Sexualorgane, aus denen die oft langgestielten, ausgesprochen vertikalen Sporenkapselträger hervorgehen. Wieder im Gegensatz zu den Lebermoosen bedürfen diese Sporenkapseln ausgesprochen der Trockenheit, damit in ihnen die Sporen reifen. Erst diese Sporen verlangen zum Keimen wieder die Feuchte, und über einen im Feuchten wachsenden neuen Vorkeim beginnt abermals der «Landgang».

Die zweite Gruppe der Landgänger unter den Pflanzen besteht aus den Bärlappgewächsen, Farnkräutern und den Schachtelhalmen. Gleich den Moosen vollzieht sich auch bei diesen Pflanzen der Lebenslauf im Wechsel von zwei Generationen. Wie die Moose beginnen sie mit der keimenden Spore im wässerigen Element und nehmen dann als Landpflanzen den Erdboden zur Grundlage ihres Wachstums. Das erste Stadium, das in der Regel nur kurze Zeit von wenigen Wochen dauert, wird Prothallium (Vorkeim) genannt. Sein Aussehen gleicht vor allem bei den Farnen einem thallösen Lebermoos, das mit einzelligen, schlauchförmigen Wurzelhaaren (Rhizoiden) an feuchten Erdboden gebunden ist. Auf diesem Thallus bilden sich die männlichen und weiblichen Organe, deren Befruchtung nur mit Hilfe von Wasser zustande kommt. Das Prothallium selbst entfaltet sich in der Horizontalen.

Aus der befruchteten Eizelle (im Archegonium) geht die bekannte Farnpflanze hervor, die sich zu einem vieljährigen Sproß mit Wurzeln, Stamm und Blättern in die Höhe hebt. Eine gewisse Neigung zu Boden- und Luftfeuchtigkeit und Schatten, wie sie zum Beispiel im südamerikanischen Urwald wirksam sind, läßt die Farnkräuter dort die idealen Umweltbedingungen finden, in denen sie üppig wuchernd gedeihen. Im Schutze der Baumkronen entrollen die Farne nach dem Oben ihre stattlichen Blätter, die harmonisch die horizontalen und vertikalen Strebungen vereinen.

Für den Thallus der Bärlappgewächse gelten die gleichen Lebensbedingungen wie für die Farne. Er gedeiht nur im Wäßrigen und wächst horizontal über den Erdboden. Nach der Befruchtung im Thallus wächst auch der Sproß der Bärlappgewächse als kriechender Stengel horizontal. Von ihm erheben sich dann fast rechtwinklig vertikal die sporentragenden Äste; sie bevorzugen trockene Luft.

Wieder anders vollzieht sich der Entwicklungsgang der Schachtelhalme. Einst waren diese gleich den Bärlappgewächsen sehr verbreitet und mit zahlreichen Gattungen auf Erden vertreten. Heute existiert nur eine einzige Gattung mit 32 Arten, welche den lateinischen Namen Equisetum trägt.

Auch die Schachtelhalme beginnen mit thallösen, wenn auch stark gelappten grünen Prothallien, welche gleich den Vorkeimen von Moosen, Farnen und Bärlappgewächsen für ihre Existenz auf eine genügende Wäßrigkeit angewiesen sind. Auch bei ihnen beginnt nach der Befruchtung sogleich der «Landgang». Stärker aber als bei Moosen und Farnen tritt bei den Schachtelhalmen als Erdpflanze die Trennung nach der Horizontalen und der Vertikalen ein: in einen über die Erde kriechenden und Wurzeln und Knollen bildenden Erdsproß und in den senkrecht aufsteigenden vegetativen grünen Halm, eine Landpflanze, die mit ihren verkieselten, oft auf Sandboden wachsenden Stielen und Ästen nur noch dem Oben entgegenstrebt. Aus dem thallösen Vorkeim hat sich von der Horizontalen unmittelbar der Ackerschachtelhalm vertikal zur Sonne emporgestreckt. Rhizome, die in und über der Erde sich horizontal ausdehnen, sorgen für die Verbreitung der Pflanzen. Von ihnen erheben sich rechtwinklig die sehr verschieden gestalteten farblosen fruchtbaren und die grünen unfruchtbaren Sprosse. Der Landgang ist voll geglückt.

Horizontales und vertikales Wachstum bei höheren Pflanzen

Ist man so durch bestimmte Pflanzen, welche der Botaniker zu den «niederen», das heißt blütenlosen Pflanzen zählt, auf den Gegensatz und das Zusammenwirken der horizontalen und vertikalen Kräfte aufmerksam geworden, erhebt sich die Frage: Wo liegen die Antriebe für diese beiden Grundbestrebungen des Pflanzenwachstums?

Selbstverständlich ist *eine* Antwort: im Wesen der bestimmten Art. So gibt es in Europa eine Gattung Lysimachia, die in mehreren Arten vorkommt. Eine von ihnen: Lysimachia vulgaris, der Gilbweiderich. Eine unmittelbar verwandte Schwester ist Lysimachia numularia, das Pfennigkraut. Man muß schon sehr genau zusehen, um die Blüten dieser beiden Pflanzenschwestern zu unterscheiden. Doch im Sproßwachstum sind sie elementar verschieden. Kaum ist das Pfennigkraut gekeimt, wendet sich der Sproß zur Seite und beginnt, über den Erdboden zu kriechen. Blattpaare, jedes in Pfenniggröße sich rundend, bilden sich an Knoten, an denen zuerst Wurzeln, später auch Blüten entstehen. Doch nie erhebt sich der Sproß in die Höhe.

Demgegenüber wächst der Gilbweiderich vom Keimling an von Knoten zu Knoten senkrecht empor, die Blätter verlieren von Stufe zu Stufe an Rundung, spitzen sich zu und entlassen aus ihren oberen Achseln die gelben Blüten – täuschend ähnlich denen des Pfennigkrautes.

Der Sproß des Gilbweiderichs fügt sich der Vertikalen, der Sproß des Pfennigkrautes fügt sich der Horizontalen ein.

Beide Pflanzen offenbaren ein Grundprinzip, das in allem Lebendigen zur Erscheinung kommt.

Das aufmerksame Verfolgen der Blattansätze am Stengel oder Stamm von Pflanzen führt wie von selbst über das Beachten des Wachstums in der Vertikalen und Horizontalen zur Wahrnehmung der Spiralen im Sinne einer Rechts- oder Linksdrehung und somit auch zu einer leichten Andeutung von «Vorn» und «Hinten» bei der Pflanze. Nur in bestimmten Blüten, die sich ihrerseits in der Regel im Befruchtungsvorgang Tieren (Insekten, Vögeln) zuwenden, gibt es auch Pflanzenbildungen im eindeutigen Sinne einer dritten Dimension. Man denke zum Beispiel an die reichgestalteten Familien der Lippenblütler, der Schmetterlingsblütler oder der Orchideen! In ihnen wird die sonnenwärts gerichtete Blüte, zum Beispiel der Rosengewächse oder der Kreuzblütler, klar zur Seite hin gewandt und damit nicht nur ein «Oben» und «Unten», sondern auch ein «Vorn» und «Hinten» ausgestaltet.

Steigt man von den Pflanzen zu den höheren Tieren auf, so treten die *drei* Dimensionen des Raumes noch wesentlich deutlicher in Erscheinung. Die Horizontale beherrscht den Verlauf der

Gestaltung vom Kopf bis zum Schwanz, das «Oben» und «Unten» wird durch die Polarität von Rückenverlauf und Füßen repräsentiert, und das Rechts und Links beherrscht die ganze Bildung des tierischen Körpers.

Im Gegensatz zum Tier tritt der Mensch in seiner Einordnung in die Raumeswelt mit seiner Gestalt primär – so wie die Pflanzen – vertikal in Erscheinung. Mag er auch als Neugeborener zunächst in der Horizontalen heranwachsen, als alternder Mensch schmerzlich gegen Krümmungen seines Leibes kämpfen müssen, seine eigentliche Gestalt erhebt sich senkrecht über den Boden und läßt die Schwere der Erdanziehung unter sich. Nur wenn er vorübergehend auf sein menschliches Bewußtsein verzichtet oder verzichten muß: im Schlaf oder in der Ohnmacht, lebt auch er in der Horizontalen. Sein eigentliches Menschtum aber erfährt er im Gegensatz zum Tiere in der *Aufrichtung*, das heißt in seiner primären Eingliederung in die Vertikale der Raumeswelt.

Zusammenfassung:

In den Raum und in das Zeitgeschehen der Erde sind die vier Naturreiche unterschiedlich eingegliedert.

Primär sind die Minerale Raumeskörper, die Pflanzen Zeitenwesen, die höheren Tiere leben primär in der horizontalen, der bewußte Mensch lebt primär in der vertikalen Dimension.

Die Blütenpflanzen

Die Zahl der sogenannten «höheren Pflanzen» ist schier unbegrenzt. In mehr als 300 «Familien» werden an die 250000 «Arten» namentlich von den Botanikern unterschieden. Hierbei sind alle anderen Pflanzen wie Pilze, Algen, Moose, Farne, Schachtelhalme und Nadelhölzer nicht berücksichtigt. Allein die Pflanzen, die mit einem Keimblatt (Monokotyledone) oder mit zwei Keimblättern (Dikotyledone) ihre Entwicklung aus dem Samenkorn beginnen, bilden diesen Reichtum von Hunderttausenden von Arten.

Der Laie wird leicht durch diese Überfülle, besonders wenn die lateinischen Namen genannt werden, verwirrt, so wie Goethe es an Christiane Vulpius schrieb:

«Dich verwirret, Geliebte, die tausendfältige Mischung
Dieses Blumengewühls über dem Garten umher;
Viele Namen hörst du an, und immer verdränget
Mit barbarischem Klang einer den andern im Ohr.» [11]

Und doch entspringt die Einteilung nach Arten und Familien nicht nur menschlicher Willkür. Es ist der Reichtum der Natur selbst, der sich in der Fülle der Gestalten und ihrer Verwandtschaften offenbart und nur durch das menschliche Bemühen in eine Ordnung gebracht wird, mit dem Ziel, nach Möglichkeit mit der Ordnung der Natur übereinzustimmen. Darum galt das

Streben aller Botaniker seit Linné, soweit wie irgend möglich kein künstliches, sondern ein «natürliches System» aufzustellen, das der Natur unmittelbar abgelesen ist. Dies gilt ganz besonders für die Zusammenfassung von Gattungen und Arten in bestimmte Familien. Seit langer Zeit blicken die Botaniker darauf, daß nur dann die Eingliederung einer Pflanze in eine Familie erfolgt, wenn die diesbezüglichen Wesensmerkmale eindeutig auf wirkliche «Verwandtschaft» hindeuten. Interessanterweise helfen hier kaum die theoretischen Vorstellungen über Ursprung und Phylogenie der Arten, sondern allein die vergleichende Betrachtung lebender Formen. Diese Arbeit aber hat zu überzeugenden Resultaten geführt, auch wenn selbstverständlich noch manche Fragen über die Zusammengehörigkeit und Verwandtschaft von Pflanzenarten offenbleiben mußten. Familien wie die Gräser und Orchideen, Rosengewächse, Schmetterlingsblütler, Lippenblütler, Kreuzblüter und Nachtschattengewächse sind so klar überschaubare Familien gemeinsamer Verwandtschaftsverhältnisse, daß wir durch eine jeweilig kurze Darstellung eine Einführung in den differenzierten Geist des höheren Pflanzenreiches versuchen wollen – gemeint als Anregung, im «Buche der Natur» anfänglich lesen zu lernen.

Die Gräser

Was ein «Gras» ist, braucht man nicht zu beschreiben. Jedes Kind kennt es. Charakteristisch ist, daß jedes Gras mit einem Blatte keimt, als grüne Pflanze mit Knotenstielen und schmalen Blättern sich entwickelt und seine Krönung in einer Ähre findet.

Die Gräser bedecken mit etwa 4000 Arten den Boden von Wiesen, Matten, Savannen und Steppen. Ungezählte Tierarten verdanken ihnen ihre Existenz. Indem die Rinder in ungewöhnlichem Maße – durch Züchtung gesteigert – das Vermögen besitzen, Gras in Milch zu verwandeln, wird auch dem Menschen durch Milchprodukte aller Art, insbesondere durch das aus der Milch gewonnene Fett – wir nennen es Butter –, ein wesentlicher Bestandteil seiner Ernährung zuteil. Diese entscheidende Bedeutung der Gräser für die Menschheit wurde möglich durch den Verzicht der Gräser auf Blütenbildung. Offenkundig entspricht die farbige, duftende Blüte nicht dem Wesen eines Grases. Statt der Blüten bilden die Gräser Rispen oder Ähren und in denselben das Samenkorn, das zum *Korn des täglichen Brotes* des Menschen wurde.

Es erscheint fast wie ein «Angebot» der Natur an den Menschen, daß es ursprünglich sieben Gräser gegeben hat, die sich dann durch Jahrtausende unter der Hand und Einwirkung des Menschen zum Lieferanten seiner Grundnahrung entwickelten. Was für den Europäer Weizen, Roggen, Gerste und Hafer sind, ist der Reis für den Asiaten und der Mais für den Amerikaner. Sie alle, und auch die Hirse, das Korn unserer Ahnen, gehören verwandtschaftlich eng zusammen als echte Vertreter der Gräser-Familie.

Was wäre der Asiate ohne seine Grundnahrung, den Reis? Sollte es Zufall sein, daß dieses Korn zu den relativ seltenen Gräsern gehört, die nur als Wasserpflanzen im Feuchten gedeihen? Spricht nicht durch den Reis, diese relativ leichte «Schonkost», der erdüberschwebende «Geist des Ostens» unüberhörbar mit?

Ebensowenig ist es wohl «Zufall», daß der Mais aus Amerika stammt und dort auch heute noch in erheblichem Maße angebaut wird. Unter allen Körnerpflanzen hat der Mais die massivste Gestalt und liefert die größten und schwersten Körner der Erde.

Der Reis ist ein Rispengras, das Brotkorn Europas (Weizen, Roggen und Gerste) entstammt Ähren, und der Maissame gedeiht in Kolben. Auch diese Tatsachen spiegeln die Dreigliederung des «täglichen Brotes» in Ost, Mitte und West wider.

So wie Europa das Land der Mitte ist, geographisch und geistig, so stehen die oben genannten fünf anderen Kornarten in der Mitte zwischen den zierlich über den Wassern im Winde wehenden Reispflanzen und den irdisch strotzenden Maispflanzen. Daß heute die Gegensätze gemildert werden, daß der Reis bis Amerika, der Mais bis in den Osten vorgedrungen ist, spiegelt die global-international eingetretene Menschheitstendenz wider, die Nuancen des differenzierten Erdlebens abzuschwächen und auch in der Ernährung einen uniformen Lebensstil um die ganze Erde zu entfalten. Nur erwähnt sei, daß auch Zuckerrohr und Bambus zu den Gräsern gehören, zwei Pflanzenarten, die gleichfalls aus dem Lebenshaushalt des Menschen nicht fortzudenken sind.

Gewiß hat die Physiologie-Wissenschaft vieles über die menschliche Ernährung ergründet, hat die Bedeutung von Kohlehydraten, Fetten und Eiweiß erkannt und als unerläßlich für unser täglich Brot befunden. Dennoch bleibt überzeitlich wahr, was Matthias Claudius in einem Spruchwort zusammenfaßte:

«Das Brot ernährt uns nicht, was uns im Brote speist,
Ist Gottes ewiges Wort, ist Leben und ist Geist.»

Angelus Silesius

Die Orchideen

Auch die Orchideen gehören wie die Gräser zu den Einkeimblättlern (Monokotyledone), welche die eine große Gruppe der höheren Pflanzen bilden.

Bei aller nachweisbaren Verwandtschaft, wie u. a. das Vorhandensein von parallelen Blattnerven, kann man sich kaum größere Gegensätze denken, als sie durch Gräser und Orchideen gegeben sind. Leisten die Gräser, wie wir sahen, einen vollen Verzicht auf die farbige, duftende Blüte, so zielt bei den Orchideen alles auf das Offenbarwerden in der Blütensphäre.

Wohl gibt es, wie die in Mitteleuropa heimische Orchis, Pflanzen, die mit Wurzel und Knolle der Erde verhaftet sind. Charakteristisch ist jedoch für das Wesen der Orchideen, daß sie sich vielfach vom Erdboden abheben und als sogenannte Epiphyten oder Saprophyten in Baumkronen nisten. Mit Hilfe von Pilzen (Mykorrhiza), die auf den Wirtspflanzen als Parasiten hausen, beziehen diese Orchideen die zum Leben benötigten mineralischen Substanzen. Auch die Samen vieler Orchideen vermögen nur unter Beistand solcher Pilze zu keimen. Ohne eigene Stämme bilden zu können, leben sie auf diese Weise, vor allem im tropischen Urwald, hoch über der Erde im Schutze des Blätterwaldes der Bäume.

Die Orchidee ist in erster Linie ein Gewächs der Tropen. Mit etwa 20000 Arten sind die Orchideen eine der größten Familien des Pflanzenreiches. Ihre Blüten gehören zu den seltsamsten Bildungen, welche die Natur hervorbringt. Ist in der Regel die Blüte eine offenbarende Geste, welche die Pflanze zur Sonne vollführt, so ist die typische Orchideenblüte im Grunde nur vom Tier, vom befruchtenden Insekt oder Vogel her zu verstehen.

Im Ansatz erscheinen die Blütenknospen noch wie auf die Sonne ausgerichtet. Doch hier trügt der Schein. Bei der weiteren Entwicklung dreht sich der Stiel der Blüte und des Fruchtknotens um 180 Grad und wendet so die Blüte von der Sonne zur Horizontalen. Die Blüte selbst erscheint jetzt wie ein speziell für bestimmte Tierarten gebauter Anflugplatz, der sowohl dem Bedürfnis der Pflanze nach Befruchtung wie dem der Insekten und Vögel nach Pflanzensaft durch kunstvolle, man darf auch sagen raffinierte Einrichtungen entspricht. Wer die Orchideen-Blütenwelt unbefangen auf sich wirken läßt, erlebt in Form, Duft und Farbe einen unbeschreiblichen Eindruck, einen Zauber, den man nur mit der Verführungskraft des Lucifer vergleichen kann. Dem ist es auch zu verdanken, daß Orchideenzucht in Gewächshäusern und Fensterglaskästen heute Mode geworden ist. Der Farben- und Formenreichtum verdient mit Recht unser staunendes Bewundern. Ihre Schönheit ist einmalig!

Sind Pilze Wesen, die mehr oder weniger der Tiefe verfallen sind, so leben die Orchideen – oft mit Hilfe von Pilzen! – in der Mehrzahl oberhalb des Erdbodens, indem sie der Sogkraft nach oben folgten. Es nimmt nicht wunder, daß sie im Gegensatz zu den Gräsern keinen Beitrag zur physischen Ernährung der Menschheit liefern. Nur die in Mexiko heimische Vanille wird in den Tropen angebaut und auch in Europa als Zutat zu Süßspeisen geliebt.

Die Rosengewächse

Man hat die Rose die Königin der Blumen genannt, entsprechend dem Gold unter den Metallen und dem Löwen unter den Tieren. Natürlich wird man schwerlich «Beweise» für solche Benennungen erbringen können. Aber verstehbar ist es für jeden, der sich auf Gestalt, Form, Farbe und Duft einer Rose unbefangen einläßt. Sowohl die Heckenrose wie die gefüllt blühende rote Zuchtrose tragen Merkmale, die sie wie von selbst in die Mitte des Pflanzenreiches versetzen. Geht man dann von der Rose als solcher über zu den Rosengewächsen, wird die zentrale Stellung dieser Familie noch deutlicher. Gewiß sind die Rosengewächse nicht den Gräsern und ihren Getreidearten an Unentbehrlichkeit für den Menschen vergleichbar. Ohne Früchte und Obst können Menschen existieren, ohne Korn und Brot nicht. Aber das Leben würde unsäglich ärmer, müßte man auf den Beitrag verzichten, den die Rosengewächse zur menschlichen Ernährung liefern. Erdbeeren, Himbeeren, Brombeeren gehören ebenso zu den Rosengewächsen wie Kirschen, Äpfel, Birnen, Pflaumen, Pfirsiche, Aprikosen, Mandeln und Schlehen. Sie alle bereichern in ungewöhnlicher Weise den menschlichen Nahrungsbereich und gehören zu den Geschenken der Natur an den Menschen, die seinem Wohlgefallen und vor allem seiner Gesundheit dienen.

Gleich der Rose selbst sind alle Rosengewächse sowohl in der

Spirale ihrer Blattansätze wie in der Gestaltung der Blüte durch ein Pentagramm gekennzeichnet. Sowohl der grüne Kelch wie die zumeist weiße Blütenkrone sind durch fünf Blätter gebildet, in deren Mitte (Erdbeere, Kirsche, Pflaume) oder unterhalb derselben (Quitte, Apfel, Birne) sich der Fruchtknoten befindet.

Im Gegensatz zur Rose bilden die Obstbäume ihre Blütenknospen schon im Herbst zugleich mit der Fruchtbildung. Dadurch wird das frühe Aufbrechen der Blüten – man denke an Pfirsich, Kirsche, Apfel, Birne u. a. – im Frühjahr ermöglicht, so daß die Fruchtreife mit Hilfe der Sommersonne geschehen kann. Dabei zeigt sich fast durchgehend, daß alle Früchte im Ansatz die grüne Farbe haben, die bei einigen wie Erd- und Himbeeren, Kirschen und Äpfeln sich allmählich röten und dadurch ihre Reifung anzeigen. Andere wie Pflaumen, Brombeeren und Schlehen durchlaufen die Stadien grüner und roter Färbung, um dann in das für ihre Art charakteristische Rotblau und Blau überzugehen. So erscheint erst im Herbst als Fruchtfarbe von Rosengewächsen das Blau, das nach Goethe «immer etwas Dunkles mit sich führt». Auch dieses ist Ausdruck eines geheimen Naturgesetzes: Neigt sich der Sommer zum Winter, so zeigen bestimmte Früchte in ihrer Farbe das Blau, das einen unmittelbaren Übergang zur Dunkelheit bildet – so wie etwa das Gelb und das Gold immer lichtverwandt sind. Vom Gelb sagt Goethe: «Es ist die nächste Farbe am Licht. Sie entsteht durch die gelindeste Mäßigung desselben ...» In diesem Sinne ist es nicht zufällig, daß die dunkelblauen Früchte der Schlehen von allen Rosengewächsen am spätesten reifen, ja erst ihre Vollendung erreichen, wenn der erste Frost eingetreten ist.

Die Kreuzblütler sind sowohl die Familie der Unkräuter wie auch der einfachen Gemüse, der Kohlpflanzen. Beide Eigenschaften entstammen der gleichen Quelle: der vitalen Wachstumskraft, die, man möchte fast sagen naiv, ungebrochen-elementar dieser Familie zu eigen ist.

Heute sind wir soweit, daß wir ahnen, daß auch Unkräuter im Naturganzen ihre ökologische Bedeutung haben. So lästig sie auch für Gärtner und Landwirte sein mögen, sie helfen in ihrer Art, den mineralischen – als solchen toten – Erdboden zu verlebendigen und sind für den biologischen Zusammenhang nicht zu entbehren. Darum geht es nicht um die Ausrottung von Unkräutern, sondern allein um Begrenzung ihrer vitalen Ausdehnungskraft. Hederich, Ackersenf, Hirtentäschelkraut, Lauchkraut, Rauken, Hungerblümchen und wie sie sonst heißen, sie alle sind Kreuzblütler und haben mehr oder weniger die Kraft, sich gegen alle Widerstände auszubreiten. Manche Unkräuter haben die besondere Tendenz, sich auf den Spuren menschlicher Siedlungen als Ackerunkräuter und als Pflanzen von Ödflächen zu vermehren.

Die gleiche Familie, die dem am Boden arbeitenden Menschen ein Dorn im Auge ist und in ihrer Bekämpfung eine gewisse Mühewaltung abverlangt, dient ihm um so mehr als Nahrung! Was wäre der einfache Mensch in Rußland ohne seine Kohlsuppe?! Selbst wenn es am Brot mangelt, bleibt diese doch als letzte Rettung zum Überleben. Im Notfall genügt ein wenig Salz als Zutat zu Kohl und Wasser. Sind aber Fett, Fleisch und auch Brot vorhanden, erhält die Familie, welche aus einer Tischvertiefung gemeinsam die Suppe löffelt, alles für die tägliche Ernährung Notwendige. Das Leben kann seinen guten Fortgang nehmen.

Die ungewöhnliche Vitalität, welche die Cruciferen-Unkräuter auszeichnet, hat sich unter der züchtenden Hand des Menschen hervorragend bewährt. Eine einzige Art der Familie der

Kreuzblütler, lateinisch Brassica genannt, hat aus fast jedem Organ einen besonderen Beitrag für die Nahrung des Menschen geliefert:

die Wurzel die Kohlrübe,
der Stengel den Kohlrabi,
die Stengelblätter den Grünkohl,
die Seitenknospen den Rosenkohl,
die Stengelknospe den eigentlichen Kohlkopf,
der Blütenstand den Blumenkohl
und die Samen als Rübsamen das Öl.

Allein die Früchte, welche bei den Kreuzblütlern fast «unterentwickelt» bleiben, bringen kein Produkt für die menschliche Ernährung.

Zwei ungewöhnliche Heilkräuter verdanken wir dieser Familie: das nordische Löffelkraut (Cochlearia officinalis), seit langem als Heilkraft gegen Skorbut bekannt, und der gleichfalls früher von den Seefahrern gegen Skorbut genutzte Kerguelenkohl (Pringlea antiscorbutica), der von einer südlichen Inselgruppe, den Kerguelen, stammt.

Bedenken wir schließlich, daß auch die Blütenpflanzen Goldlack, Levkoje, Schleifenblume (Iberis) und Blaupolster (Aubretia) zu den Kreuzblütlern gehören, so sehen wir vor uns die ganze Reichweite der Cruciferen von den Unkräutern der Ödflächen über Senf und Kohl bis zu den Blumen der Bauerngärten und den «Polsterblumen» der Gärten. Sie alle sind aus dem Leben der Menschen auf der nördlichen Hälfte der Erde nicht fortzudenken.

Wieder betreten wir einen völlig anders gearteten Lebensraum, wenn wir das Wesen der Papilionaceen (Papilio = der Schmetterling) zu erfassen versuchen. Gleich den Rosengewächsen ist die Blüte der Schmetterlingsblütler durch das wirksame Pentagramm gestaltet. Doch während die Blüten aller Rosenverwandten mit fünf gleichen Blütenblättern eindeutig himmelwärts gewandt sind, ist für die Papilionaceen die Aufgliederung in Fahne, Flügel und Schiffchen charakteristisch, und legt sich als ganzes Blütengebilde ähnlich wie die Orchideen in die Horizontale.

Als Familie der Papilionaceen gehören sie zusammen mit den Mimosen, Akazien u. a. zur Ordnung der Hülsenfrüchtler (Leguminosen), womit ein weiteres Charakteristikum von ihnen genannt ist: die für fast alle Schmetterlingsblütler charakteristische Frucht in Gestalt einer Hülse, welche die Samen zum Beispiel als Erbsen, Bohnen oder Linsen birgt.

Zeigen die Kreuzblütler in ihrer Art etwas von gesunder, robuster Bäuerlichkeit, so sind viele der Schmetterlingsblütler durch eine besondere Empfindlichkeit für Umwelteinflüsse gekennzeichnet. Manche von ihnen reagieren mit ihren Blattstellungen in Tag- und Nachtrhythmen, zeigen sogenannte Schlafbewegungen wie der Klee, Bohnen u. a.

Die Mimosengewächse sind in den Tropen und Subtropen zu Hause. Ihren Namen tragen sie von ihrem «mimosenhaften» Reagieren auf äußere Berührungen. Sie zeigen im Extrem die für manche Schmetterlingsblütler geltende Sensibilität.

Zum Wesen der Leguminosen gehört ferner die seltsame Tatsache, daß sie zumeist durch ihre Wurzeln eine Lebensgemeinschaft (Symbiose) mit bestimmten Bakterien bilden. Dies führt zu einer Bildung von Wurzelknöllchen, durch welche der Stickstoff der Luft im Erdboden gebunden wird. So vermögen Lupinen innerhalb einer Wachstumsperiode auf einem Hektar Land 200 kg Stickstoff zu binden: Die Entdeckung dieser Zusammenhänge hat für die landwirtschaftliche Düngung, insbesondere als Gründüngung, eine außerordentliche Bedeutung.

Bekannt ist, daß der griechische Philosoph Pythagoras – um der geistigen Entwicklung seiner Schüler willen – nicht nur vegetarische Ernährung zur Pflicht machte, sondern auch das Essen von Erbsen und Bohnen nicht gestattete.

Um dafür ein Verständnis zu gewinnen, kann man versuchen, der Metamorphose dieser Leguminosenpflanzen von Schritt zu Schritt zu folgen.

Die Wurzeln von Erbsen und Bohnen sind nicht fest im Erdreich verankert. Man denke im Gegensatz dazu an die schier unausrottbare Löwenzahnwurzel, an eine Eichenwurzel oder auch nur an eine Möhre. Wie stark ist deren Verbindung mit dem umgebenden Boden. Es bedarf einer Kraft, um die Wurzeln aus dem Boden zu lösen. Gekeimte Erbsen und Bohnen kann man jederzeit mit leichtem Griff aus der Erde ziehen. Sie sind im Boden nicht verankert. Statt dessen erheben sich die Sprosse leicht und luftig empor mit Ranken, welche kreisend durch die Umwelt schwingen, bis sie auf einen Stamm oder Ast stoßen, den sie sogleich umringeln und dadurch ihrem an sich schwachen Stengel Halt geben. Diesem Vermögen, sich zierlich kletternd und im Umkreis rankend den eigenen Raum zu verschaffen und sich ohne eigene Schaft- und Stammbildung vom Boden zu erheben, verdanken viele Schmetterlingsblütler ihre besondere Existenz.

Wenn dann die Pflanze die Fülle ihrer Blüten entfaltet, tritt wie von selbst das Bild eines Schmetterlings auf. Es ist, als ob die Blüte im Begriff sei, davonfliegen zu wollen, nur im letzten Augenblick festgehalten wird. Man versteht Verszeilen, die Rudolf Steiner einst gebildet hat und die er mit «Ein Geheimnis der Natur» überschrieb:

«Schaue die Pflanze!
Sie ist der von der Erde
Gefesselte Schmetterling.

Schaue den Schmetterling!
Er ist die vom Kosmos
Befreite Pflanze.» [12]

Doch gerade bei Erbsen und Bohnen nimmt die weitere Metamorphose einen geradezu tragisch zu nennenden Verlauf. Anstatt sich vom Erdreich lösen zu können, verwandelt sich die Blüte dieser Pflanzen in Schoten, in denen die massiven, relativ schweren Samen liegen. Am Ende platzt die Schote, und Erbsen und Bohnen fallen zu Boden.

Man denke einen Augenblick an die Kleinheit von Mohnsamen oder die Federleichtigkeit der Löwenzahnsamen, die, vom Winde ergriffen, sich weit durch die Räume über alle Grenzen hinweg frei zu bewegen vermögen, ehe sie sich im Erdreich von neuem verankern. – So kann man im Verfolgen ihrer Entwicklungsgeschichte am Wesen dieser «Hülsenfrüchtler», wie es Erbsen und Bohnen sind, ablesen, was einen Pythagoras veranlaßt haben mag, seinen Schülern diese Pflanzensamen als zu «schwere» Kost für geistig Strebsame zu verbieten. Soldaten, welche Teilnehmer am Ersten Weltkrieg waren, werden dies jedenfalls bestätigen – durch das Übermaß in der Ernährung an Erbsenbrei und Bohnensuppe bemächtigt sich des ganzen Menschen eine ungewöhnliche Schwere. Es ist, als ob einige Schmetterlingsblütenpflanzen die zu schwache Erdverbindung ihres rankenden Daseins mit späterer Überschwere bezahlen müssen.

Selbstverständlich darf dies nicht verallgemeinert und auf alle anderen Papilionaceen ausgedehnt werden. Wie viele wertvolle Wiesen- und Futterpflanzen verdankt der Mensch nicht allein der Klee-Gattung, die neben dem Gras die besten Ernährer vor allem unserer Rinder sind. Auch Luzerne und Lupine gehören zu den unentbehrlichen Helfern von Bauern und Landwirten.

In unseren Landen ist der anspruchslose Ginster untrennbar

im Bunde mit dem Heidekraut (Calluna) und Wacholder ein wesentlicher Bestandteil der Sand- und Heideflächen.

Alles in allem bilden die Papilionaceen eine interessante Familie, bei der auch starke Giftpflanzen (Goldregen!) – im Gegensatz zu den Rosengewächsen – vorkommen. Sowohl in der Sensitivität der Blätter wie in der Blütenform, wie auch in ihrer starken Beziehung zum Stickstoff zeigen sie Anklänge an das Tierische, ohne wirklich die Stufe des Tierreiches zu erklimmen.

Die Lippenblütler

Man braucht nur die Namen einiger Lippenblütler zu nennen, um sich von der Lebenswelt dieser Pflanzenfamilie elementar umfangen zu fühlen: Salbei, Thymian, Rosmarin, Lavendel, Pfefferminze, Zitronenmelisse, Majoran. Jede dieser Arten hat ihre besondere Blüte mit einem unverwechselbaren Duft, der besonders auch den grünen Blättern zu eigen ist. «Alle Gestalten sind ähnlich» – oft sogar sehr ähnlich, und doch – «keine gleichet der anderen» (Goethe).

Lippenblütenpflanzen sind auch für den Laien leicht zu erkennen und von anderen Familien zu unterscheiden. Sie alle haben keine spiralig den Stengel umlaufenden Blattansätze, sondern alle Blätter stehen abwechselnd um 90 Grad gekreuzt, gegenständig am Stiel, der stets streng vierkantig ist. Dadurch erscheint die ganze Pflanze wie leicht erstarrt, man kann auch sagen: irdisch gefesselt. Kletter- und Windepflanzen sind nicht unter den Labiaten (Labium = Lippe) vorhanden. Auch findet keine eigentliche Metamorphose der Blätter statt. Sie sind von den Keimblättern bis zur Blüte mehr oder weniger aus dem gleichen Schnitt. Das Elastisch-Biegsame der Schmetterlingsblütler ist den Lippenblütlern fremd. Auch der Fruchtknoten ist von der Vier mit einem Kreuz gezeichnet und besteht aus vier kleinen Nüßchen.

Untersteht so der vegetative Teil eindeutig der Vierzahl, sind

Kelch und Krone gleich wie bei den Rosen- und Schmetterlingsgewächsen der Fünfzahl unterworfen.

Wesentlich für die Labiaten ist auch die Tatsache, daß der im allgemeinen für die Blüte charakteristische Duft fast stärker noch von den grünen Blättern ausgeht. Es ist, als ob der «Blütenimpuls» – so nennt es Grohmann[13] – mit seinem dem Licht und der Wärme zugeneigten Streben in die Pflanze abwärts gedrungen ist und so das ganze oberirdische Wachstum ergreift. In allen Blättern entstehen ätherische Öle, welche die Quelle des besonderen Duftes jeder Labiatenart sind. Zwischen den die Blätter, den Stengel und die Blüten bedeckenden Haaren sind je nach der spezifischen Art mannigfaltig gestaltete, gestielte und ungestielte Hautdrüsen angelegt, durch die der Duft der Öle in die Umgebung verströmt wird.

Schließlich hat die Lippenblüte die bekannte Form, um derentwillen sie ihren Namen trägt. In ähnlicher Weise wie bei den Orchideen, wenn auch weniger «raffiniert», ist die Blüte nicht direkt zur Sonne gewandt, sondern mit einer horizontalen Wendung ihrer «Lippe» auf die befruchtenden Insekten hin geöffnet.

Die eigentliche Heimat der Lippenblütler ist das Mittelmeer. Hier, zwischen den Alpen und den nordafrikanischen Ländern, nicht mehr nordländisch und noch nicht tropisch, sind sie in ihrem eigenen Element. Sie lieben die kurzen Regenzeiten im Frühjahr und die warmen, trockenen Sommer. Als Kräuter und Sträucher vermögen sie oft stärkste Dürrezeiten zu überstehen und auf große Entfernungen hin ihre Duftwirkungen auszudehnen. Bekannt ist, daß bei tragendem Wind bestimmte Inseln im Mittelmeer (zum Beispiel Sardinien, Naxos u. a.) eher durch den Duft von Rosmarin oder Lavendel als durch das Auge beim Nahen mit einem Schiff wahrgenommen werden können.

Heilkräuter und Gewürzkräuter sind die Geschenke dieser Familie an die Menschheit. Unter den Heilkräutern steht der Edelsalbei (Salvia officinalis) an erster Stelle. Er liebt als Halbstrauch mit violetten Blüten besonders trockene, felsige Standorte, denen er seine ungewöhnlich heilende Vitalität entringt.

Dem Buche Grohmanns entnehmen wir die Wiedergabe eines Lobspruches auf den Salbei aus einem Kräuterbuche des 12. Jahrhunderts:

«Cur moriatur homo, cui salvia crescit in horto?
Contra vim mortis non est medicamen in hortis!
Salvia confortat nervos manumque tremorem
Tollit, et ejus vi febris acuta fugit.»

«Warum muß der Mensch sterben, wenn ihm Salbei im Garten wächst?
Gegen die Gewalt des Todes gibt es keine Mittel in den Gärten!
Salbei stärkt die Muskeln, behebt das Zittern der Hände,
Und das hitzige Fieber flieht durch seine Gewalt.»

Mit anderen Worten: Der Salbei ist ein ungewöhnliches Heilmittel, heilt mancherlei Krankheiten und stärkt die Gesundheit. Seine Grenze ist ihm durch die Allmacht des Todes gesetzt, gegen den «kein Kraut gewachsen ist». Unter Beachtung dieser Grenze gilt der alte Spruch:

«Salvia salvatrix, naturae conciliatrix!»

«Salbei, du Heiler, du Vermittler der Natur.»

Die Labiaten sind die eigentlichen Kräuter des mittelalterlichen Klostergartens. Den Mönchen ist es in erster Linie zu verdanken, daß diese Wohltäter der Menschheit nicht auf die Inseln und die Randgebiete des Mittelmeerbeckens beschränkt geblieben sind. Man braucht nur zu den schon oben genannten Majoran- und Thymianpflanzen die Kräuter Basilikum, Dost, Bohnenkraut, Ysop zu nennen, um im Bunde mit den Minzen und Melissen den vollständigen «Küchengarten» eines Klosters zu haben. Sie alle sind Labiaten! Wie von Rosmarin und Lavendel geht von der ganzen überirdischen Lippenblütenpflanze eine würzige Kraft aus, welche ihren Umkreis erfüllt. Man ist versucht, zwischen diesen «verinnerlichten» Kräutergartenpflanzen und der spezifischen Frömmigkeit der Mönche verwandte Parallelen zu sehen. Die geschichtliche Zusammengehörigkeit von Kloster und Kräutergarten ist jedenfalls eine Tatsache.

Die Nachtschattengewächse

Die sechs bisherigen Skizzen von Pflanzenfamilien sollten sowohl deren Eigenart charakterisieren wie zugleich auf ihre Bedeutung für die Menschheit verweisen. Unschwer ließe sich jede Darstellung erheblich erweitern. Doch das würde Sinn und Umfang dieses Buches sprengen.

Das letzte Kapitel, das wir hier von einer Pflanzenfamilie bringen, soll den Nachtschattengewächsen (Solanaceen) dienen und etwas ausführlicher gehalten sein. Ist es doch eine Familie, die durch ihre besonderen Eigenschaften in außergewöhnlicher Weise gerade mit der modernen Menschheit verbunden ist! Wir wüßten keinen anderen Zusammenhang zwischen Pflanze und Mensch, der mit dem Einfluß der Nachtschattengewächse zu vergleichen wäre.

Während sich unter den Rosengewächsen und den Lippenblütlern nicht eine einzige Giftpflanze befindet, kannte man im Mittelalter vor allem Nachtschatten, die schwere Gifte enthalten: Tollkirsche, Bilsenkraut, Stechapfel, Bittersüß, Alraunwurzel und den schwarzen Nachtschatten. Aus ihnen wurde die berüchtigte «Hexensalbe» hergestellt, mit welcher in der Regel ungute Wirkungen in Form von Bewußtseinstrübungen hervorgerufen wurden. Die Salbe dringt durch die Haut ein und löst den gesunden Zusammenhang von Leib und Seele des behandelten Menschen auf. Er erlebt sich gelockert, erhält die Empfindung, fliegen zu können, und wird von erotischen Gefühlen befallen. Was heute die sogenannten Drogen bewirken, wurde einst mit Hilfe von Nachtschatten-Giften erzeugt: rauschartige Zustände, die zu völliger Verwirrung führen können.

Bauern in Rußland benutzten Samen von Bilsenkraut und Stechapfel, um einem unliebsamen Nachbarn einen gefährlichen Schabernack zu spielen. Bekanntlich sind bzw. waren die Bauernhäuser in Rußland so gebaut, daß ein einziger Lehmofen in der Mitte stand, der in alle Räume des mehr oder weniger quadratisch gebauten Hauses hineinreichte. Der obere Teil des Ofens war zumeist flächenhaft gestaltet, so daß auch eine zahlreiche Familie auf ihm ihren gewärmten Schlafplatz finden konnte. War nun ein Bauer dem anderen scheel gesonnen, so brauchte er nur im Vorbeigehen eine Handvoll der giftigen Samen von Tollkirsche oder Bilsenkraut durch das Fenster auf den Ofen zu werfen. Die kleinen, unauffälligen Samenkörner verteilten sich über die Oberfläche des Ofens oder drangen in die dort liegenden Schlafpelze ein. Im Laufe der Nächte verdunsteten die Samen ihr Gift, der Schlafende atmete es ein und verlor unter Umständen sein klares Bewußtsein. Dies hat mir ein Kosakenbauer im Dongebiet im Jahre 1918 selbst erzählt.

Dem bekannten Pflanzenwerk von Gustav Hegi[14] entnehmen wir: «Es kann darum keinem Zweifel unterliegen, daß die narkotische Hexensalbe ihr Opfer nicht nur betäubte, sondern dasselbe den ganzen schönen Traum von der Luftfahrt, von festlichem Gelage, von Tanz und Liebe so sinnfällig erleben ließ, daß es nach dem Wiedererwachen von der Wirklichkeit des Geträumten überzeugt war. Die Hexensalbe stellte in dieser Weise ein Berauschungs- und Genußmittel des armen Volkes dar, dem kostspielige Genüsse versagt waren.»

Die Samen des Bilsenkrautes dienten in früheren Jahrhunderten auch dazu, dünnes Bier berauschender zu machen! Hegi zitiert eine Polizeiverordnung aus Eichstätt (Mittelfranken) vom

Die Heilkraft der Pflanzen …

... hat manchem auch zu wirtschaftlicher Gesundung verholfen. Ein frühes Beispiel dafür lieferte der Engländer Talbot, der Fürsten und Könige mit Chinarinde (benannt nach dem Inkawort quina = Rinde) heilte, ohne sein Mittel zu verraten. Ludwig XIV. hat, um das Geheimnis kennenzulernen, Talbot 2000 Louisdor in bar und 2000 Lire an Rente bezahlt.

Auch Geld kann mancherlei heilen. «Pfennincsalbe wunder tuot», heißt des schon bei Freidank.

Jahre 1567, «daß die Brauer bei einer Strafe von 5 Gulden keine Bilsensamen und andere ‹den Kopf toll machenden Stücke oder Kräuter› dem Bier zusetzen sollten». Auch das Kräuterbuch des Tabernaemontanus warnt davor, «mit Bilsensamen und anderen schädlichen Dingen das Bier zu stärken».

Unter allen lange bekannten Nachtschatten nahm die Alraunpflanze (Mandragora) eine besondere Stellung ein. Sie ist – und vor allem ihre Wurzel – *die* Zauberpflanze des Mittelalters schlechthin! Als Alraunmännchen spielt sie im Glauben und Aberglauben des Mittelalters eine erhebliche Rolle. Schon in der Septuaginta, der ältesten griechischen Übersetzung des Alten Testamentes, wird das Aphrodisiakum, welches Ruben seiner Mutter Lea brachte und mit dessen Hilfe sie von Jacob ihren fünften Sohn empfing (Gen. 30,14–17), μέλα μανδραγόρου = mela mandragóru) genannt. Ebenso erwähnt Theophrast Mandragora als «Liebeswerk», obwohl seine Beschreibung eher auf die Tollkirsche zutrifft.

Flavius Josephus (1. Jh. n. Chr.) schreibt in seiner «Geschichte des jüdischen Krieges» von einer wunderbaren Wurzel, der Alraune: «Sie ist feuerrot von Farbe und wirft des Abends Strahlen aus; sie auszureißen ist sehr schwer, denn sie entzieht sich dem Nahenden und hält nur stand, wenn man Urin oder Blutfluß vom Weibe darauf gießt. Auch dann ist bei jeder Berührung der Tod gewiß, es trage denn einer die ganze Wurzel in der Hand davon. Doch bekommt man sie auf andere Weise gefahrlos und zwar so: Man umgräbt sie rings so, daß nur noch ein kleiner Teil der Wurzel unsichtbar ist. Dann bindet man einen Hund daran, und wenn dieser dem Anbinder schnell folgen will, so reißt er die Wurzel aus, stirbt aber auf der Stelle als ein stellvertretendes Opfer dessen, der die Pflanze nehmen will. Hat man sie einmal, so ist keine Gefahr mehr» («De bello Judaico», VII, 5).

Man verzichte heute ruhig auf Entsetzen und Spott über solchen Aberglauben. Entscheidend mag für uns sein, daß man schon vor zweitausend Jahren der Alraunwurzel gegenüber verspürt hat, daß von ihr starke Wirkungen ausgingen. Wir begegnen heute den gleichen Tatbeständen mit den aus der Chemie gewonnenen Vorstellungen und wissen, daß die Solanaceen durch besonders giftige Alkaloide wie das Hyoszyamin, Duboisin, Nikotin, Piturin, Solanin u. a. gekennzeichnet sind. Flavius Josephus schließt seinen Bericht über die Alraune: «Die Dämonen, das heißt die bösen Geister schlechter Menschen, die in die Lebenden hineinfahren und sie töten, wenn nicht schnelle Hilfe geleistet wird, werden von der (Alraun-)Pflanze ausgetrieben, sobald man sie den Kranken auch nur nahe bringt.» Wie so oft, wird auch hier die Erfahrung ausgesprochen: Richtig angewandt, können Gifte zu Heilmitteln werden.

Wie gesagt, im Mittelalter galten die damals bekannten Solanaceen in Europa: Bilsenkraut, Tollkirsche, Alraune, Stechapfel, Nachtschatten als Mittel der Zauberer und Hexen, als Drogen, durch welche mehr oder weniger ungute Ziele verfolgt wurden.

Zu Beginn der Neuzeit, vor allem im Zusammenhang mit der Entdeckung Amerikas, trat dann ein entscheidender neuer Einfluß der Nachtschattengewächse auf die Menschheit ein. Durch die Eingangspforte von Spanien und Portugal drängte der Eroberungszug von Tabak, Kartoffel und Tomate, von Paprika, Spanischem Pfeffer und Petunienblumen nach Europa, bis im 20. Jahrhundert diese Invasion ihren Höhepunkt erreichte. Wenn man bedenkt, daß zum Beispiel die Tomaten schon Ende des 16. Jahrhunderts in Europa als Zierpflanzen gepflegt und erst vom Ende des 19. Jahrhunderts an als Gemüsepflanzen entdeckt wurden, hat man ein gutes Beispiel für die langsame Stetigkeit des Eindringens dieser südamerikanischen Nachtschattengewächse in den europäischen Raum. Sie mußten erst gewisse Antipathien überwinden, die ihnen primär von der Bevölkerung entgegengebracht wurden. In der Schilderung von Wesensart und Geschichte von Tabak, Kartoffel und Tomate möge dieser einmalige Prozeß verdeutlicht werden.

Der Tabak. Die Indianer Amerikas pflegten das Tabakrauchen lange vor ihrer «Entdeckung» durch Kolumbus als Gewohnheit im täglichen Leben, bei besonderen Anlässen – die berühmte «Friedenspfeife» – und im kultischen Zusammenhang. Es besteht kein Zweifel, daß sie sich der narkotischen und zugleich anregenden Wirkung des Tabaks bewußt waren.

Schon der Bericht nach der zweiten Expedition des Kolumbus 1497 erzählt von dem Gebrauch des Tabaks (Nicotiana tabacum) in Amerika. 1519 brachte Gonzalo Hernandez de Oviedo die ersten Tabaksamen nach Europa und machte dadurch den Anbau von Tabak als Zier- und Heilpflanze möglich.

1565 ließ der Augsburger Stadtphysikus Adolfo Ono die erste Tabakpflanze nach Deutschland gelangen. Etwa von der Jahrhundertwende an begann dann das Tabakrauchen, später das Schnupfen und Kauen als Kautabak (Priem), nicht nur in Deutschland, sondern in ganz Europa um sich zu greifen. Besondere Verbreitung fand das Rauchen im Dreißigjährigen Krieg durch Soldaten, vor allem durch englische Söldner. Bald nahm dann auch der Anbau von Tabak in Deutschland seinen Anfang: 1630 in der Pfalz, Hessen, Franken und Sachsen, 1659 in Thüringen, 1660 im Elsaß und in Baden. Dies geschah, obwohl das Rauchen vielerorts mit schweren Strafen verfolgt wurde. So erließ Papst Innozenz X. ein Edikt, nach dem jeder Genuß von Tabak durch die Geistlichkeit in der Peterskirche mit Exkommunikation bestraft wurde. In einigen Kantonen der Schweiz wurde das Rauchen als solches verboten, so in Appenzell und Bern. In Deutschland wurde das Rauchen auf der Straße erst nach der Revolution von 1848 erlaubt. In Stettin, Königsberg und vor allem in München gab es strenge Erlasse gegen das Rauchen, vor allem in der Öffentlichkeit.

Das Tabakschnupfen wurde in Deutschland durch die Hugenotten eingeführt und bekanntlich im 18. Jahrhundert «hoffähig». Die erste deutsche Zigarrenfabrik wurde 1788 in Hamburg gegründet. Die Invasion der Zigarette erfolgte erst 1840 über

Rußland. Ein Russe mit Namen Uppmann war es auch, der die erste deutsche Zigarettenfabrik in Dresden gründete.

Während das Schnupfen, Tabakkauen und Pfeiferauchen im 20. Jahrhundert zurückging, erfuhr der Verbrauch von Zigarren und Zigaretten über die ganze Erde hin einen enormen Zuwachs. Neben dem Alkohol wurde der Nikotinkonsum zum stärksten Reiz- und Genußmittel der Menschheit – mit allen Begleiterscheinungen und Suchtgefahren, die in der zweiten Hälfte des Jahrhunderts nur noch von dem Drogengebrauch übertroffen wurden.

Wer diesen Siegeszug der Tabakpflanze unbefangen, sine ira et studio, das heißt ohne Sympathie und Antipathie zu verstehen versucht, muß zuerst nach der spezifischen Wirkung des Nikotins auf Leib und Seele des Menschen fragen.

Bekannt sind sowohl die anregenden wie die kränkenden Wirkungen durch die Tabakblätter. Denn es sind ja weder die Wurzeln noch die Blüten und Früchte, welche beim Rauchen und Schnupfen verwendet werden, sondern eben nur die *Blätter*. Diese bilden das mittlere System des Pflanzenwesens und wirken als solche auf das mittlere System des Menschen: auf Atmung, Herz und Blutkreislauf. Am gefährlichsten wird das Rauchen in Form des «Lungenrauchens», wenn der Rauch nicht im Munde behalten, sondern in die Lunge eingesogen wird. Dann wird die zugleich narkotisierende wie anregende Wirkung zwar gesteigert, aber auch der gesundheitsgefährdende Rückschlag. Über «Raucherlungen» und «Raucherherzen» ist in den letzten Jahren so viel geredet und geschrieben worden, daß wir uns hier eine Beschreibung ersparen können.

Uns hat in erster Linie die Tatsache zu beschäftigen, daß das Rauchen stets die Tendenz in sich trug, zur Gewohnheit und – je nach Charakterveranlagung des Rauchers – zur Sucht zu werden. Dabei bieten sich sehr verschiedene Erscheinungsbilder an: der Förster im Walde und der Bauer auf seinem Acker mit ihren Pfeifen in einem Mundwinkel; der Herr Generaldirektor in der

Konferenz mit der «dicken Zigarre» und der intellektuelle Journalist als Kettenraucher von Zigaretten in seinem Büro. Von der harmlos erscheinenden Lebensgewohnheit bis zur seelischen Treibhausluft gibt es alle Übergänge. Dabei ist schwer zu beurteilen, was Ursache und was Wirkung ist. Raucht der Superintellektuelle, weil er so nervös ist, oder ist er so nervös, weil er eine Zigarette auf die andere raucht? Ist der chronische Zigarrenraucher von Natur aus willensschwach und suchte ursprünglich eine Willensanregung durch das Nikotin, oder kann er von diesem Reizmittel nicht lassen, weil er seinen Willensorganismus durch das Nikotin eingelullt hat? Wahrscheinlich wird jeweilig beides zutreffen und die Entweder-Oder-Fragestellung das Verstehen nicht vertiefen. Man wird gut tun, sich vor allen Verallgemeinerungen beim Urteil über das Rauchen zurückzuhalten. Was dem einen Hilfe sein mag, kann für den anderen schädlich sein.

In manchen Ländern werden Tabakblätter als Heilmittel gebraucht. Die Foliae nicotianae gehören zu den offizinalen Pflanzen und werden gegen Verstopfung, Harnbeschwerden und Wassersucht verwandt. Als abtreibendes Mittel gehören sie zu den populären Arzneien. So benutzt man auch Abkochungen von Tabakblättern äußerlich gegen Krätze und Räude. Bekannt ist auch die Verwendung von Tabakgift zur Bekämpfung von Blattläusen, Erdflöhen, Läusen, Zecken, ja selbst von Ratten.

Unsere Aufgabe in diesem Buche kann nicht sein, für oder gegen den Tabakgenuß Stellung zu nehmen. Unser Augenmerk war gerichtet auf die Tatsache, daß eine in Europa bis in das 16. Jahrhundert unbekannte Pflanze vor rund fünfhundert Jahren aus Amerika herüberkam und am Ende dieser Zeit einen großen Teil der europäischen Bevölkerung mit ihren Gift- und Heilwirkungen so tief durchdringt, daß der kulturelle Ablauf des 20. Jahrhunderts ohne Tabakeinfluß nicht mehr vorstellbar ist. Dieses Phänomen wird noch interessanter und rätselvoller, wenn wir an die beiden anderen Nachtschattengewächse denken, welche nächste Verwandte des Tabaks sind: an die Kartoffel und die Tomate.

Die Kartoffel. Wieder haben wir es mit einer amerikanischen Invasion zu tun, die erst durch die Tat des Kolumbus möglich wurde. War jedoch das Tabakrauchen vor allem bei den Indianern von Nordamerika zu Hause, so ist die Heimat der Kartoffel (Solanum tuberosum) eindeutig Südamerika, vor allem das Hochland von Chile. Dort fand sie Diego d'Almagro 1535 als Nahrungsmittel der heimischen Indianer vor, so wie schon zuvor Pizarro die Kartoffel 1526 als Kulturpflanze in Peru festgestellt hatte.

Während der Tabak als Reiz- und Genußmittel ausschließlich durch seine Blätterkraft in die menschliche Physiologie eindrang und die genannten psychisch-physischen Wirkungen hervorrief, sind es bei der Kartoffel *die unterirdischen Knollen*, nicht Wurzeln, welche die Pflanze zu einem wesentlichen Nahrungsmittel machten. Für Deutschland war es bekanntlich der Preußenkönig Friedrich der Große (1712–1786), der sich mit List und Gewalt für den Anbau und Verzehr der «dollen Knolle» einsetzte.

Viel ist darüber gedacht und geschrieben worden, wer diese «Knollen» zuerst nach Europa und dann nach Mitteleuropa und Rußland gebracht hat. Genannt werden John Hawkins (1532–1595), Francis Drake (1540–1596) und Walter Raleigh (1552–1618). Die Irländer scheinen schon vor den Engländern den Kartoffelanbau betrieben zu haben. Eine schriftliche Empfehlung für England liegt aus dem Jahre 1664 vor. Nach Deutschland gelangte die Kartoffel von Spanien über Italien und Frankreich. Gleich dem Tabak wurde die Kartoffel durch den Dreißigjährigen Krieg (1618–1648) bekannter. In Mecklenburg, dem späteren «Kartoffellande», soll die Kartoffel bereits 1708 eingeführt sein; zum Großanbau aber kam es erst von 1766 an.

Da die Bauern in Brandenburg zunächst eine Abneigung gegen diese ausländische Pflanze zeigten und wohl auch um das Giftige ihrer grünen Früchte wußten, mußte Friedrich der Große mit Hilfe seiner aufs Land geschickten Dragoner die Bauern zwingen, den Anbau zu betreiben.

Wie auch in unserem Jahrhundert während der beiden Weltkriege kam es zu besonderem Großanbau von Kartoffeln auch im 18. und 19. Jahrhundert jeweilig in Not- und Teuerungsjahren: 1770–1772 und 1816–1817. Stets wirkte die Kartoffel als Lebensretter vor dem Hungertode. Man denke nur an die Kartoffeljagd im Jahre 1918!

Von Gift ist im Zusammenhang mit der Kartoffel nur selten die Rede. Dabei enthalten alle Teile der Pflanze das giftige Alkaloid Solanin, am meisten die unreife Frucht. Auch die Knollen selbst enthalten, wenn auch nur in sehr geringen Mengen, Solanin. Interessanterweise sind die unreifen Knollen giftiger als die reifen, ebenso wird das Gift vermehrt, wenn die Knollen unter direkte Lichteinwirkung geraten und ergrünen: Zu starker Solaningenuß führt vor allem zu Kopfschmerz, Übelkeit und Erbrechen. Im Gegensatz zum Nikotin und seiner Herzgefährdung wirkt das Solanin auf den Kopf. Wir halten fest: Die Blätter des Tabaks wirken auf Blut und Herz, auf den mittleren Menschen, die Knollen der Kartoffel auf das Gehirn, auf den oberen Menschen.

In Vorträgen, die Rudolf Steiner 1924[15] vor Landwirten hielt, geht er auch auf die Wirkungen von zu reichlichem Kartoffelgenuß auf den Menschen ein. Er spricht davon, daß die Kartoffel im wesentlichen durch den Verdauungsprozeß leicht hindurchgeht, dann aber stark auf die Verselbständigung des Gehirns einwirke. «Unter demjenigen, was die Menschen ... seit der Erfindung des Kartoffelbaus in Europa materialistisch gemacht hat, ist gerade der übertriebene Kartoffelgenuß. Der Kartoffelgenuß darf nur so weit gehen, daß er in uns das Gehirnmäßige, das Kopfmäßige anregt. Aber man darf gerade den Kartoffelgenuß nicht übertreiben.» Es lohnt sich, einer solchen Warnung nachzugehen. Wenn man sich an die Zeiten erinnert, in denen infolge der Kriegsereignisse der Kartoffelgenuß überhandnahm, wird man leicht diesen Hinweis Steiners durch eigene Erfahrungen bestätigt finden. Es ist zwar ein groteskes, alogisches Sprichwort: «Der dümmste Bauer hat die größten Kartoffeln» – aber es kann ja aus einer Instinktsphäre aufgestiegen sein, die Wahrheitsgehalte ahnt. Jedenfalls sind Männer wie Raffael und Novalis in ihrem geistigen Werden nicht vorstellbar, wenn sie in ihrer Jugend mit Kartoffeln überfüttert worden wären. Man verzeihe dies Beispiel, es soll nur in eine Richtung deuten, wo wahrscheinlich wesentliche Erkenntnisse gefunden werden können.

Die Tomate, Petunie u. a. Würden heute die Tomaten vom internationalen Markt verschwinden, gerieten Köche und Küchen in große Schwierigkeiten. Die Speisezettel der Menschheit global würden eine erhebliche Veränderung erfahren müssen. Nach einer kürzlich im «Spectrum der Wissenschaft» veröffentlichten Aufstellung nimmt gegenwärtig in den USA die Tomate mit ihrem «Beitrag zur Nährsubstanz der Nahrung» den ersten Rang ein – vor Kartoffel, Süßem Mais, Möhren, Kohl, Erbsen, Bohnen u. a.

Dieselbe Gemüsefrucht, welche zu Anfang unseres Jahrhunderts so gut wie unbekannt war, nimmt heute eine Spitzenstellung in der menschlichen Ernährung ein!

Von den drei «großen» Eindringlingen der Nachtschattengewächse aus Amerika war die Tomate der letzte. Ihren Namen, der der mexikanischen Sprache entlehnt war, übertrug man im 16./17. Jahrhundert für die Europäer in Liebes- oder Paradiesapfel.

In Europa wird die aus *Süd*amerika stammende Pflanze erstmalig 1596 als Zierfrucht in England erwähnt. 1789 wird sie in Paris eingeführt, in Österreich begann der Anbau in den zwanziger Jahren des 19. Jahrhunderts. In Deutschland war die Tomate als Zierfrucht um 1700 bekannt, als Nutzpflanze fand sie in den siebziger Jahren des 19. Jahrhunderts erste Beachtung. Da sie zumeist als giftig angesehen wurde, blieb es bei einem minimalen Anbau. Es kam hinzu, daß die erste Tomate selten einem Menschen mundet. Erst nach mehrfachem Probieren erschließt sich langsam der Geschmack und führt zur Nachfrage. Diese ursprüngliche Antipathie wurde in dem ersten Drittel unseres Jahrhunderts weitgehend überwunden. Seitdem ist die Tomate auch in Deutschland ein Nahrungsmittel, das sich auf der Grenze von Gemüse und Frucht, von Ernährung und Genuß befindet.

Auch die Tomate enthält gleich der Kartoffel das Solanin-Gift in fast allen Teilen, vor allem in den unreifen Früchten, während die reifen Früchte nur noch Spuren von Solanin bergen. «Es ist daher vor dem Genuß unreifer Früchte zu warnen», steht bei Gustav Hegi.

Im Gegensatz zur Kartoffel und dem Tabak, deren Wirkungen sich auf das Gehirn und den Kreislauf erstrecken, geht der Einfluß der Tomaten mehr auf den «unteren Menschen». Sicher ist es nicht nur auf die rote Farbe der reifen Früchte zurückzuführen, daß die Tomaten «Liebesäpfel» genannt wurden. Man wird nicht fehlgehen, wenn man die Auswirkungen von zu reichlichem Tomatengenuß in den Gebieten des Stoffwechsels und der Fortpflanzungsorgane sucht.

Auf eine besondere Seite der Tomate wies 1924 Rudolf Steiner hin. Er machte darauf aufmerksam, daß Tomaten am liebsten «auf ihrem eigenen Mist» gedeihen, das heißt, daß man zu ihrer Aufzucht im Gegensatz zu fast allen anderen Pflanzen am besten einen Kompost nimmt, der aus alten Tomatenpflanzen bereitet wurde. In diesem Zusammenhang warnt Steiner auch vor Tomatengenuß, wenn in irgendeiner Weise Krebsgefahr besteht. Wer Steiner kannte, wußte, wie zurückhaltend er im allgemeinen mit dem Aussprechen von Forderungen war. In diesem Fall sprach er es radikal aus: «Man sollte einem Menschen, der an einem Karzinom leidet, sofort den Tomatengenuß verbieten.»

Nicht uninteressant wäre eine Statistik, in welcher die Zunahme des Tomatenverbrauchs und der Krebserkrankungen parallel verglichen würde. Vielleicht werden spätere Untersuchungen zur Feststellung führen, daß Steiners Warnung berechtigt war. Von der Wesensart der Tomatenpflanze her als typischem Nachtschattengewächs kann sie einleuchten.

Indem wir jetzt den Einbruch der drei amerikanischen Nachtschattengewächse Tabak, Kartoffel, Tomate in die europäische Zivilisation und Kultur überblicken, liegt die ganze Größe dieser Invasion vor unserem Auge. Es ist ein Vorgang auf dem Ernährungsgebiet der Menschheit, dem nichts Vergleichbares zur Seite zu stellen ist. Nehmen wir noch hinzu, daß vielerorts in Europa Auberginen, Paprika und der «Spanische Pfeffer» als Speisen und Gewürze hoch eingeschätzt werden, so erweitert sich noch der Kreis der Solanaceen-Wirksamkeit. Schließlich gehört hinzu, daß ein Nachtschattengewächs durch die leuchtenden *Farben seiner Blüten* zur Schaupflanze aller europäischen Städte geworden ist: die *Petunie*. Erstmals wurde sie 1830 in Europa eingeführt und hat sich in den letzten Jahrzehnten fast alle Balkonkästen der Städte erobert. Auch dies ist ein einmaliges Phänomen! Dabei ist es wieder interessant zu beobachten, daß die leuchtenden Farben der Petunienblüte entzücken, die Berührung der Pflanzen mit der Hand aber infolge gewisser klebriger Ausscheidungen unangenehm wirkt. Auch der Geruch der Petunien ist mit dem Wohlgeruch etwa von Rosen und Veilchen nicht zu vergleichen. Man spürt auch hier den Nachtschatten und ahnt ein verborgenes Gift.

Obwohl den ersten Einwanderern jeder Nachtschattenart stets mit einem gewissen Mißtrauen, ja mit Furcht wegen der vermuteten Giftigkeit begegnet wurde, setzten sie sich durch und durchdringen heute mehr oder weniger die Leiblichkeit aller europäischen und in Amerika lebenden Menschen. Dabei zeigte sich, daß primär der Tabak die «Mitte» (Kreislauf), die Kartoffel das «Oben» (Gehirn) und die Tomate das «Unten» (Stoffwechsel) des Menschen beeinflußt. Wenige Europäer – und das gleiche gilt natürlicherweise von den Amerikanern und abgemildert von den Asiaten – werden von sich sagen können, daß sie sich diesem Einfluß total entzogen haben. Auch der Nichtraucher ißt Kartoffeln oder Tomaten oder beides, und sein Auge fällt auf die Farbenpracht der Petunien.

Hiermit beenden wir den aphoristischen Versuch, auf einem Teilgebiet – dem der Pflanzen – anzudeuten, was Paracelsus und Goethe als Zukunftsaufgabe des Menschen im Auge gehabt haben mögen: «im Buche der Natur zu lesen».

Mit dem Blick auf das Tierreich und sein Verhältnis zum Menschen betreten wir die beiden oberen Stufen der Erdreiche und können dann uns anschließend dem Einfluß von Sonne, Mond und Sternen zuwenden.

Das Tierreich und der Mensch

Die Verwandtschaft aller Säugetiere untereinander ist unverkennbar. Ebenso eindeutig aber ist auch der Zusammenhang dieser höchsten Klasse des Tierreiches mit den Amphibien, Reptilien, Fischen und Vögeln. Sie alle ordnen ihre Gestalt in den Raum so ein, daß es in ihrem Körperbau ein Oben und Unten sowie ein Vorn und Hinten gibt.

Deutlich ist aber auch bei allen Tieren der Leib so geformt, daß er sich jeweilig bis zur Vollendung dem zugehörenden Lebensmilieu eingliedert: die Vögel der Luft, die Fische dem Wasser, Amphibien und Reptilien dem Erdboden. Von den Säugetieren hat jede Art ihre besondere «Lebensnische», wie Wildpferde, Zebras und Antilopen die Steppe, die Wildschweine, Hirsche und Rehe die Wälder, Wildschafe, Gemsen und Murmeltiere die Bergeshöhen. Extreme Arten der Säugetiere wie die Wale und Delphine wählten das Wasser, Fledermäuse die dunkle Luft und der Maulwurf die «Unterwelt». Stets spiegelt die Gestalt die Umwelt der betreffenden Tierart. Für alle gilt:

«Also bestimmt die Gestalt die Lebensweise des Tieres,
Und die Weise zu leben, sie wirkt auf alle Gestalten mächtig zurück.»
(Goethe: 'Αϑϱοισμός) [16]

Allen höheren Tieren ist gemeinsam, daß sie in irgendeiner Weise ihr Milieu in spezifischer Weise wahrnehmen, daß sie atmen und daß sie sich stofflich ernähren, verdauen. Ihr gemeinsamer Kreislauf-Bauplan weist zwei Augen, ein Maul, zweigegliederte Geruchs- und Hörorgane, ein zumeist zweigegliedertes Atmungssystem und mehr oder weniger gegliederte Nerven-, Verdauungs- auch Fortpflanzungs-Organe auf. Wohl treten im Zuge der Anpassung an die jeweilige Umwelt erhebliche Differenzierungen auf – man denke nur an die Hautschuppen, die Flossen und die Schwimmblase der Fische oder an das Federkleid, die durchlüfteten Knochen und an den verkürzten Darm der Vögel – doch alles in allem wird die Gemeinsamkeit durch den Bauplan des Tier-Typus zusammengehalten. Mag auch in den niederen Bereichen der Einzeller und Schwämme die Frage nach dem Unterschied von Pflanze und Tier auftauchen, in der eigentlichen Stufengliederung der Naturreiche gibt es keinen Zweifel, was eine Pflanze, was ein Tier sei.

Auch wenn wir im ersten Augenblick vielleicht von dem Maße der Anpassung überwältigt werden, so ist damit der schließende Schlüssel zum Tierreich noch nicht gefunden. Man geht am Wesen des Tieres vorbei, wenn man nicht die ursprünglich gestaltbildende Kraft erfaßt, die zugleich das Verhalten bestimmt. Wieder ist es Goethe, der mit seinem sicheren Instinkt für die Naturgewalten in die Richtung weist, wo eine Tierwesenskunde gefunden werden kann. Sein Schlüsselsatz lautet:

«Zweck sein selbst ist jegliches Tier; vollkommen entspringt es
Aus dem Schoß der Natur und zeugt vollkommene Kinder.»

Jede Tierart muß für sich als eine geschlossene Welt genommen werden, die eine spezifische Gestalt in Vollkommenheit offenbart. Einseitig und vollkommen zugleich ist jegliches Tier in seiner Art.

Man vergleiche ein Rind mit einem Vogel, eine Kuh mit einem Adler. Gemeinsam ist ihnen, daß sie Kopf, Rumpf und Gliedmaßen besitzen. Aber wie verschieden sind die Akzente gesetzt! Bei der Kuh ist alles von der Ernährung aus bestimmt, beim Adler vom Leben und der Fernsicht in den Höhen.

Man studiere den Verdauungstrakt eines Rindes vom Maul bis zum After. Das Leben dieser Tiere, möchte man meinen, vollzieht sich ausschließlich in der Ernährung und Fortpflanzung. Dreifach ist der Magen gegliedert: als Pansen, Labmagen und Blättermagen, an die sich weitere 40 Meter (!) Darm anschließen. Schon die Aufnahme der Nahrung erfolgt in zwei Schritten: Kauen und Wiederkäuen. Dann erst beginnt die eigentliche Verdauung. Man versteht, warum Rudolf Steiner die Kuh einen «wandelnden Magen» genannt hat – im Gegensatz zum Vogel, dem «fliegenden Auge».

Eine wiederkäuende Kuh, die auf der Weide ruht, blickt nicht um sich. Die Augen sind zwar weit geöffnet, aber sie träumen. Das ganze Wesen ruht in sich, im eigenen Ernährungsvorgang, und nimmt die Umwelt oft nur als ärgerliche Störung wahr. Jede Äußerung auf ein fremdes Wesen, das der lagernden Kuh naht, besagt von ihr aus: Laß mich in Ruhe! Wenn am Abend eine Kuhherde von der Weide nach Hause zum Stall getrieben wird, achte man auf die stakenden Glieder, mit denen jede einzelne Kuh sich vorwärts bewegt. Wie anders springen die Hunde, schleichen die Katzen oder laufen Pferde! In solchen Augenblikken erlebt man die Tatsache des «wandelnden Magens», die jedes Rindvieh verkörpert.

Extrem dazu bewegen sich die Vögel frei durch den Luftraum. Souverän durchgleiten sie die Höhen, stets die Augen in die Ferne gerichtet. Insbesondere die «Raubvögel» wie Adler, Habichte, Bussarde. Wo auch immer sie sich befinden mögen, hoch in den Lüften, auf den weit ausragenden Ästen von Bäumen oder in der Nähe von Artgenossen und Konkurrenten – stets ist der Blick scharf und sicher auf das anvisierte Ziel gerichtet. Ein Bussard vermag jederzeit eine Maus, ein Habicht ein Kaninchen auf hundert Meter Entfernung genau ins Auge zu fassen und im

Sturzfluge sicher zu treffen. Alles übrige Leben hat bei diesen Raubvögeln dem genialen Zusammenwirken von Augen und Schnabel zu dienen, der Verdauungstrakt ist demgegenüber auf ein Mindestmaß eingeschränkt und verkürzt. Wir verstehen: «das fliegende Auge».

Hat man so Tieren gegenüber gelernt, die besondere Art in ihrer spezifischen Einseitigkeit zu erfassen, ist man auf einem guten Weg zur Tierwesenskunde. Dann kann die moderne Verhaltensforschung von Wissenschaftlern wie Karl von Frisch, Konrad Lorenz, Nikolas Tinbergen u. a. gute Hilfe leisten. Dies um so mehr, wenn eine gute Grundlage im Sinne Goethes erarbeitet wurde. Darum kehren wir noch einmal zu Goethes «Tier-Gedicht» zurück und entnehmen ihm den für alle Tierwesenskunde leitenden Gesichtspunkt:

«Siehst du also dem einen Geschöpf besonderen Vorzug
Irgend gegönnt, so frage nur gleich: wo leidet es etwa
Mangel anderswo, und suche mit forschendem Geiste;
Finden wirst du sogleich zu aller Bildung den Schlüssel.»

Hier übergibt Goethe tatsächlich den Schlüssel zu einer wahren Tierwesenskunde.

Wir sahen: Gestalt und Wesen aller Tierarten sind in einer genialen Art einseitig und vollkommen zugleich. Darum hat es keinen Sinn, bei einer ausgebildeten Art nach einem Evolutionssinn für die Zukunft zu suchen. Sie sind – jede Tierart für sich – heute in ihrer Entwicklung bei Endstationen angelangt, welche weder in der Phantasie noch gedanklich weitere wesentliche Entwicklungen mehr zulassen.

Alle Organe sind in ihrer Art dem Ganzen dienend eingegliedert und nur vom Ganzen her in ihrer Sonderheit verständlich:

«Denn so hat kein Tier, dem sämtliche Zähne den obern
Kiefer umzäunen, ein Horn auf seiner Stirne getragen,

Und daher ist den Löwen gehörnt der ewigen Mutter
Ganz unmöglich zu bilden und böte sie alle Gewalt auf;
Denn sie hat nicht Masse genug, die Reihen der Zähne
Völlig zu pflanzen und auch Geweih und Hörner zu treiben.»

Jeder Gang durch die Natur oder einen zoologischen Garten wird diese Blickrichtung Goethes bestätigen und für eine Tierwesenskunde fruchtbar machen können. Goethe selbst gibt seiner Genugtuung, den Schlüssel zu jedem Sondersein einer Tierart gefunden zu haben, Ausdruck in den abschließenden Versen:

«Dieser schöne Begriff von Macht und Schranken, von Willkür
Und Gesetz, von Freiheit und Maß, von beweglicher Ordnung,
Vorzug und Mangel erfreue dich hoch; die heilige Muse
Bringt harmonisch ihn dir mit sanftem Zwange belehrend.
Keinen höhern Begriff erringt der sittliche Denker,
Keinen der tätige Mann, der dichtende Künstler; der Herrscher,
Der verdient es zu sein, erfreut nur durch ihn sich der Krone.
Freue dich, höchstes Geschöpf der Natur, du fühlst dich fähig
Ihr den höchsten Gedanken, zu dem sie schaffend sich aufschwang,
Nachzudenken. Hier stehe nun still und wende die Blicke
Rückwärts, prüfe, vergleiche und nimm vom Munde der Muse,
Daß du schauest, nicht schwärmst, die liebliche volle Gewißheit!»

Dies ist die Aufgabe für den, der das Wesen der Natur im Sinne Goethes erfassen will: die Geistgedanken, welche sich im Buche der Natur sichtbare Formen geschaffen haben, zunächst durch ehrfürchtiges Buchstabieren, dann durch eindringendes Lesen zu entziffern, und schließlich: zu schauen, ohne in Schwärmerei zu verfallen.

Hat man diese allgemeinen Gesichtspunkte für ein Erfassen des «Grundtypus Tier» sich zu eigen gemacht, gilt es, die geistige

Ordnung in dem konkreten Reichtum des Tierreiches aufzufinden.

Vergleicht man alle Gliedmaßen der Tiere wie Flossen, Flügel, Tatzen, Pranken, Krallen, Hufe usw. mit der Hand oder dem Fuße des Menschen, so wird das von Goethe erkannte Gesetz erneut deutlich. Alle tierischen Gliedmaßen sind in ihrer Art vollkommen, weisheitsvoll und zweckentsprechend ausgestaltet, aber zugleich einseitig. Allen tierischen Gliedmaßen gegenüber erscheint die fünffingrige Hand oder der Fuß des Menschen mit seinen fünf Zehen primitiv und unvollendet – und doch zugleich wie das Urbild aller tierischen Extremitäten. Diese sind der Idee nach von der fünfgliedrigen Hand oder dem Fuße durch Vereinseitigung ableitbar, nicht aber umgekehrt. Dies gilt auch für die Affen, die höchstentwickelten Säugetiere, speziell für die Menschenaffen. So ist bei bestimmten Affen der Daumen verkümmert. Die übrigen Finger sind perfekt zum Baumhangeln umgebildet.

Die menschliche Hand erscheint unvollkommen ausgebildet, solange sie nicht die Impulse zum Handeln vom menschlichen Willen empfängt. Diese Impulse können vielartig sein, die Hand ist entsprechend beweglich und nicht durch eine spezielle Gestalt festgelegt. «Der Mensch bewahrt in seiner Hand einen ursprünglichen Zustand, der von den Affen gründlich aufgegeben worden ist», schreibt Friedrich A. Kipp 1948 und erinnert daran, daß H. Klaatsch auf diesen Tatbestand schon 1922 hingewiesen hat.

Ein anderes charakteristisches Beispiel liefert das tierische Gebiß. Je nach Lebensweise der betreffenden Art ist es spezialisiert, mehr oder weniger vereinseitigt. So sind für Nagetiere die Schneidezähne, für Raubtiere die Reißzähne und für Wiederkäuer wie die Rinder die Backenzähne besonders entwickelt. Diese drei Grundarten der Zähne, Schneidezähne, Eck- oder Reißzähne, Backenzähne, ergänzen sich *nur* beim Menschen harmonisch.

Alle Einseitigkeiten im höheren Tierreiche sind von einem Grundtypus ableitbar, und das ist der Mensch.

Jede Tierart erscheint in dieser Sicht wie ein verselbständigtes Organ des Menschen. Anders ausgesprochen: Der Mensch ist in Wahrheit der Mittelpunkt und die Zusammenfassung des Tierreiches; das Tierreich als Ganzes gleicht dem aufgesplitterten Menschen, der sich in den Tierarten in seinen eigenen Wesenszügen wie in einem Spiegel – gelegentlich bis zur Karikatur verzerrt – erkennen kann. Hier liegt wohl auch der Grund für das menschliche Bedürfnis, bei Überhandnehmen der Eigenarten seiner Mitmenschen diese mit Tiernamen zu titulieren wie Schaf, Esel, Ochse usw.

Einer der bedeutendsten deutschen Zoologen des 19. Jahrhunderts, Lorenz Oken (1779–1851), hat diesen Gesichtspunkt, daß der Mensch die Zusammenfassung des höheren Tierreiches sei und jede Tierart einen speziellen menschlichen Organbereich nuanciert darstelle, zur Grundlage seiner wissenschaftlichen Zoologie gemacht. Wenn dies mit der genügenden Sorgfalt und zuchtvollen Phantasie geschieht, so ist dieser Gedanke auch heute noch nicht überholt. Im Gegenteil! Die so umstrittene «Verwandtschaft» von Mensch und Tier wird dann erst die dem Menschengeist durch den Darwinismus angelegten Fesseln wieder abstreifen können und sich veranlaßt sehen, alles diesbezügliche Material neu zu durchdenken. Damit soll nicht die einmalige Bedeutung der Tat Darwins für den Evolutionsgedanken herabgemindert werden, sondern nur der Hoffnung Ausdruck gegeben sein, daß die suggestiv wirkende Einseitigkeit des darwinistischen Denkens für die Zukunft wieder überwunden werden möge.[17]

Die so populär gewordene Frage: Stammt der Mensch vom Affen ab? ist nie von ernsthaften Forschern bejaht worden. Man war sich stets klar, daß es unter den heute existierenden Affen keine Art gibt, die als direkter Vorfahr des Menschen anzusprechen ist, wohl aber sprach man gerne von «affenähnlichen» Vorfahren und ist bis heute auf der Suche nach ihnen in der Hoffnung, eines Tages ein Skelett in der Erde zu finden, das unzweifelhaft als echtes Zwischenglied zwischen Affe und Mensch anzusprechen ist.

Nur von wenigen Forschern – wir rechnen zu ihnen K. Snell, A. Naef, H. Klaatsch, M. Westenhöfer, F. A. Kipp, H. Poppelbaum – wurde die Gegenfrage gestellt und positiv beantwortet: Stammen die höheren Affen wie Gibbon, Schimpanse, Orang-Utan vom Menschen ab – sind sie vielleicht als gesunkene, dekadent gewordene Menschen aufzufassen? Will man nicht bei der Antwort auf diese Fragestellung in einem Gestrüpp von unverbindlichen Abstraktionen steckenbleiben, gilt es eine grundsätzliche Kehrtwendung im biologischen Denken herbeizuführen.

Ein Botaniker wird in der Regel den Werdegang einer höheren Pflanze so verfolgen, daß er mit dem Samen und der Keimung beginnt, ihn über den Blattsproß von Stufe zu Stufe verfolgt und schließlich über die Blüte, ihren Kelch, die Krone, Staubfäden und Fruchtblätter zur neuen Samenbildung zurückkehrt.

Dementsprechend nimmt der Zoologe bei der Erfassung einer individuellen Tierwerdung (Ontogenie) seinen Ausgang von der Befruchtung einer Eizelle durch männliches Sperma und sucht den Entwicklungsweg über alle Stadien der Embryologie und Jugend bis zur vollen Ausbildung des Organismus zu verfolgen und schließlich durch das Altern bis zum Tode zu begleiten. Für den wesentlichen ersten Teil der Entwicklung von Pflanze und Tier hat der Baseler Zoologe, Adolf Portmann den Ausdruck «Selbstdarstellung» geprägt.[18] Jede individuelle Entstehung einer Pflanze oder eines Tieres bis zur vollständigen Ausbildung bedeutet in diesem Sinne «Selbstdarstellung». Nimmt man diese Formulierung ernst, so bedeutet sie, daß *zuerst* das «spezifische Selbst» (als Gattung bzw. Art), gebunden an ein Samenkorn oder an eine Eizelle, vorhanden sein muß, das sich dann in der Entwicklung von Stufe zu Stufe darstellt. Dieses «Selbst», das substantiell nicht mit dem menschlichen «Ich-Selbst» gleichgesetzt werden darf, ist also zunächst im wesentlichen für das menschliche Auge unsichtbar, tritt dann aber in seinem Werdegang nach und nach in Erscheinung. Das substantiell Seelische ist das primär Existierende, die Erscheinung das Sekundäre.

Diese allüberall konstatierbare Tatsache ist von Aristoteles in kürzester Form ausgesprochen worden: *«Denn was zuletzt ist, war zuerst.»* So einfach dieser Satz klingt, so viel geistige Anstrengung verlangt er vom Menschen der Gegenwart, wenn dieser ihn als Schlüssel zum Verständnis der Entstehung aller Organismen, ihrer «Selbstdarstellung», ernst nimmt.

Wie verläuft die Evolution eines einzelnen Menschen? Seine Entwicklung von den Momenten der Empfängnis und Geburt an bis zu dem Zeitpunkt des sogenannten Mündigwerdens mit dem 21. Jahre (neuerdings mit dem 18. Jahre) ist geradezu das Musterbeispiel für individuelle Selbstdarstellung. Jeder Erzieher hat die Pflicht, sein Augenmerk jeweils auf den Stufenweg der Verkörperung des ihm anvertrauten Zöglings zu richten. Jedes Kind zwingt seine Betreuer, möglichst tiefgründig zu fragen: Was für eine Individualität ist da im Kommen? Welche Eigenarten künden sich frühzeitig an, welche Hilfestellungen können gegeben werden, auf daß sich die werdende Persönlichkeit geistig-seelisch-leiblich so gesund wie nur möglich verkörpert?

Sorgfältige Beobachtung führt dann wie von selbst dazu, die den Entwicklungsgang vorantreibende unsichtbare Individualität von dem durch die Fortpflanzung gegebenen Erbgut zu unterscheiden. Man durchschaut, daß die übliche Formulierung: «Der Mensch ist das Produkt von Vererbung und Milieu» unzureichend ist. Kein Vernünftiger wird leugnen, daß das «Erbgut» für jeden Menschen von starker Bedeutung ist, daß auch die jeweilige Umwelt einen den Entwicklungsgang mehr oder weniger prägenden Charakter hat. Aber ebenso klar sollte sein, daß jener Kern, den wir die einmalige Individualität, das «Ich» des Menschen nennen müssen, aus Vererbung und Umwelt nicht ableitbar ist. Hier ist der geistig-wache, vom Materialismus nicht betäubte Beobachter durch die Tatsache gezwungen, eine präexistente Geistseele anzuerkennen, die durch die neun Monate der Embryonalzeit und einundzwanzig Jahre Jugend den Weg der Verkörperung, das heißt der Selbstdarstellung geht. Für den «fertigen», das heißt mündigen Menschen gilt: Er ist zuletzt – daß heißt in seiner leiblichen Erscheinung dargestellt –, *aber er war zuerst*. Mag dieses Resultat für viele noch eine «Glaubensangelegenheit» sein, für Menschen wie Lessing[19], Goethe und Steiner und für viele andere war es das Ergebnis eigener Wahrnehmung und eigenen Denkens, daß sie von präexistentem und nachtodlichem Leben als Tatsachen sprachen und den einzelnen Menschen ansahen als ein Wesen, das von Verkörperung zu Verkörperung im Diesseits schreitet und auf diese Weise die Möglichkeit zu wesentlicher Reifung erlangt. In diesem Sinne ist die «Lehre von den wiederholten Erdenleben» keine Sache des Glaubens, sondern Bestandteil einer Geisteswissenschaft, wie sie u. a. Rudolf Steiner[20] in seiner Anthroposophie angestrebt hat.

Der Einwand: «Wenn ich schon einmal auf der Erde verkörpert war, so müßte ich mich doch daran erinnern können», ist im Grunde recht töricht. Denn es erinnert sich der Mensch auch nicht an die Monate, die er als Embryo im Mutterleibe lebte und nur äußerst selten an das erste Jahr in der Wiege. Doch niemand wird daraus den Schluß ziehen: «Also war ich damals nicht», sondern nur: «Ich kann mich nicht daran erinnern, aber selbstverständlich existierte ich.»

Noch törichter ist der zweite Einwand: «Ich kann mich an kein vorgeburtliches Leben erinnern, also kann es auch kein anderer Mensch.» Wieviel Erlebtes haben wir selbst vollständig vergessen, es kann aber durch einen Schock, wie zum Beispiel infolge eines Absturzes im Gebirge wieder hervorgerufen, wieder zum Bewußtsein gebracht werden. Darum sagt Lessing: «Und was ich auf itzt vergessen *muß*, habe ich denn das auf ewig vergessen?»

Wenn deutlich ist, daß der Mensch nicht nur das «Ende» des Tierreiches darstellt, sondern die allumfassende Mitte desselben bildet, drängt sich die Frage nach dem existentiellen Sinn dieser für die Naturreiche entscheidenden Differenzierung auf. Auf welchen Tatsachen beruht der prinzipielle Unterschied von Mensch und Tier, so daß bei aller Anerkennung der Gliederung der Menschheit nach Rassen und Stämmen eine Gleichsetzung von Mensch und Tier grundsätzlich unmöglich ist?

Ein Überblick über das gesamte Tierreich ergibt einen unendlichen Reichtum an Formgestaltungen und Organbildungen. Von den einzelligen Amöben und Foraminiferen, den Schwämmen, Korallen über Würmer, Weichtiere und Stachelhäuter reicht er bis zu den Gliederfüßlern und Säugetieren. Man denke nur an die Fülle der Familien, Gattungen und Arten, die unter dem Namen «Gliederfüßler» (Arthropoden) zusammengefaßt werden: Spinnen, Krebse, Tausendfüßler und Insekten! Die Insekten allein gliedern sich in zahlreiche Ordnungen mit mehreren Hunderttausenden von Arten, zum Beispiel Fliegen, Libellen, Schmetterlinge, Käfer, Bienen, Ameisen, Flöhe, Kerfe usw.

Dennoch gibt es wesentliche Unterschiede, die den Menschen von allen Tieren trennen: der aufrechte Gang, die Sprache und das Denkvermögen. Diese drei spezifisch menschlichen Eigenschaften sind charakteristisch für die absolute Sonderstellung des Menschen allen Tieren gegenüber. Sie machen es möglich, daß Goethe die Sinnerfüllung und Zielgebung der menschlichen Existenz gegenüber dem Tierreich in einen einzigen Satz zusammenfassen konnte: «Das Tier wird durch seine Organe belehrt; der Mensch belehrt die seinigen und beherrscht sie.»

Treffender konnte das Verhältnis von Tier und Mensch nicht charakterisiert werden. Beide nehmen durch ihre Sinne die gleiche Welt auf. Für die Tiere ist dies ein passiver Prozeß. Ihre Reaktion erfolgt auf Grund der *für ihre Art* festgelegten und gebundenen Organe. Der Mensch ist nur im vollgültigen Sinne Mensch, wenn er die Eindrücke, welche er aus der Welt empfängt, *individuell* verarbeitet und dann anschließend auf Grund von Vernunfturteilen handelt.

Die Sonderstellung des Menschen innerhalb der Naturreiche ist, wie alles Geistige auf Erden, nicht definierbar, wohl aber charakterisierbar.

Wir sahen: Auf der Leibesebene ist der Mensch durch seinen aufrechten Gang gekennzeichnet. Hinzu kommt wesentlich das Sprachvermögen, das den Menschen grundsätzlich von allen Tieren unterscheidet. Diese vermögen brüllend, fauchend, knurrend, schnurrend usw. ihren Stimmungen Ausdruck zu geben, Vögel sogar melodisch zu singen. Doch damit ist im Tierreich eine Grenze erreicht, die nur vom Menschen überschritten wird. Denn der Mensch vermag Gedanken zu bilden und diese mit Hilfe seiner spezifischen Sprachwerkzeuge seinen Mitmenschen zu vermitteln. Dabei erhebt er sich über die Sphäre, in der er den Tieren verwandt ist: die «Empfindungsseele», welche trotz allem oft sehr nahen Zusammenwirken mit der «Verstandesseele» deutlich von dieser zu trennen ist. Wer die Entwicklung der Menschheit auf ihren Stufenwegen zu verfolgen sucht, hat ein Musterbeispiel für die Ausbildung der «Verstandesseele» im Zeitalter der griechischen Kultur.

Nahmen noch die alten Ägypter, Chaldäer, Babylonier, Sumerer das Geistige in dem sie umgebenden Weltall primär mit der «Empfindungsseele» auf, so bildete sich in dem Jahrtausend, das als Zeitalter Griechenlands in die Geschichte eingegangen ist, die «Verstandesseele» von einfachsten Anfängen bis zu der Vollendung in dem großartigen Werke eines *Aristoteles* aus. Unübertrefflich faßt dieses zusammen, was der menschliche *Verstand* über die Rätsel und Geheimnisse des Diesseits und dem in diesem wirkenden Jenseits auszusagen vermag.

Mit dem Christentum, besonders durch die drei Jahre des Wirkens Jesu Christi und durch den Tod auf Golgatha, kam ein Einschlag spiritueller Kraft in die Menschheitsgeschichte, den wir nicht in den Verlauf der regulären Entwicklung anders als ein Ereignis unvergleichbarer Art einzugliedern vermögen und welcher der sich weiter entwickelnden Verstandesseele unerhörte

Erkenntnisaufgaben gestellt hat. Zu leicht wird heute übersehen, daß der abendländische Teil der Menschheit nach dem Auftreten Jesu Christi mehr als anderthalb Jahrtausende alle Verstandeskräfte eingesetzt hat, um das Wesen dessen, was um die Zeitenwende als das Christus-Ereignis sich zugetragen hatte, *zu verstehen.* Von den Urchristen über die Kirchenväter und großen Scholastiker bis hin zu Luther war es ein einziges Bemühen, das Wesen Christi durch die Verstandesseele zu begreifen. Die beiden Großen des Mittelalters, deren Bemühen zentral auf diesem Felde wirksam war, Albertus Magnus und Thomas von Aquin, konnten ihr Werk nur durchführen, indem sie die Hilfe des «Fürsten der Verstandesseele», Aristoteles, weitgehend annahmen. Denn diese Art des im Griechentum entwickelten Denkens erwies sich als ein brauchbares Element, rein spirituelle Ereignisse in der Sprache des Diesseits zum Ausdruck zu bringen.

Dabei ist es geschichtlich von Interesse, daß die abendländische Christenheit die Schriften des Aristoteles zunächst nicht direkt übernehmen konnte, sondern sie auf dem Umwege über den Arabismus aufnahm. Dieser war etwa zur Zeit Karls des Großen, also im 9. Jahrhundert, wissenschaftlich der Christenheit weit überlegen. Einem Avicenna oder Averroes gegenüber hatten die Christen keine vergleichbaren geistigen Größen. So mußten sie zunächst bei den Arabern in die Schule gehen und u. a. die großen griechischen Meister aus den arabischen Übersetzungen kennenlernen. Damit schlich sich aber zugleich substantiell ein arabisches Element in das christliche Denken ein, das der griechischen Spiritualität nicht gewachsen war. Erst als die Christen selber sich die griechischen Originalwerke beschafften und eigene Übersetzungen anfertigten, wurde diese Schwäche überwunden.

Diese historischen Tatsachen liefern zugleich den eklatanten Beweis, daß die Verstandesseelen erheblich unterschiedliche Qualitäten zu eigen haben können. So ist der Arabismus ein ausgesprochenes Produkt des arabischen Verstandes, der seinerseits eine deutliche Neigung zum Materialismus enthält. Auch Thomas von Aquin bedient sich in seinen Werken der Verstandesseele. Doch bei ihm ist die erkennende Substanz ungleich spiritueller, so daß das Werk des Aristoteles in seiner Seele auch spiritueller zum Ausdruck kommt als bei allen seinen arabischen Vorgängern.

Mit Luther und seinen Zeitgenossen beginnt unverkennbar ein neuer Zeitabschnitt der abendländischen Menschheit. Wir sind gewohnt, den Prozeß, der damals alle europäischen Völker mehr oder weniger ergriff, die «Renaissance» (Wiedergeburt) zu nennen – aus gutem Grunde. Denn nachdem sich in der Scholastik das Christentum geistig selbst fundiert hatte, entdeckte es jetzt neu die verlorenen Werte des Griechentums und suchte auf den Gebieten von Kunst, Wissenschaft und Religion eine «Wiedergeburt» herbeizuführen. Daß dies nur bedingt gelingen konnte, liegt im Wesen der Sache, das heißt im geschichtlichen Werden. Nur wer den Sinn der Entwicklung verkennt, wird eine Wiederholung von gleichen Abläufen für möglich halten. Die Menschen des 15. und 16. Jahrhunderts waren im Grunde ihrer Seelen ganz anders geartet als die Griechen im 7. bis 3. Jahrhundert vor Christus. Von einer «Wiedergeburt» des Griechentums konnte in Wahrheit keine Rede sein. Dennoch hat das Wort «Renaissance» seine Berechtigung und traf auch seinerzeit auf allgemeines Verständnis.

Hatten die Mystiker und Scholastiker alle Kraft ihrer Empfindungs- und Verstandesseele auf das Erleben und Verstehen des christlichen Elements im Inneren der Menschenseele gerichtet, so entdeckten die Menschen der Renaissance-Zeit wie völlig neu ihre Umwelt.

Als edler Prototyp dieser Renaissance-Menschen erscheint, alle anderen überragend, Leonardo da Vinci (1452–1519). Auf der Grenze zwischen Mittelalter und Neuzeit steht er wie die persönliche Verkörperung zugleich des edelsten Geistes der Vergangenheit so wie der Zukunft, als Künstler wie als Wissenschaftler überragend und bedeutend. In souveräner Hoheit vermag er seinen Blick sowohl nach innen wie nach außen zu lenken, stets Materie und Geist, Diesseits und Jenseits harmonisch zu verbinden.

Jahrhunderte mußten vergehen, bis in Johann Wolfgang von Goethe ein vergleichbarer Gipfel menschlicher Größe erschien. Gewiß, auch ein Johannes Kepler, ein Paracelsus von Hohenheim, ein Jakob Böhme waren hervorragende Repräsentanten der Menschheit. Aber der Geist des Zeitalters schritt über sie hinweg und wählte als Leitbilder Männer wie Galilei und Newton. Damit war aber zugleich die Richtung des Weges der Neuzeit bestimmt, die Bahn für den naturwissenschaftlichen Materialismus freigegeben. Das abendländische Schicksal nahm seinen tragischen Verlauf.

Es zeigte sich, daß die Verstandesseele, gehandhabt von zunehmender «Ich-Kraft», ebenso wie in der Scholastik zur Verarbeitung von geistigen Inhalten auch in der Naturwissenschaft für die Darstellung von materiellen Gegebenheiten geeignet ist. Die Folge war, daß der Inhalt des Gedankenlebens innerhalb der abendländischen Wissenschaft eine totale Auswechslung erfuhr. War zuvor die Theologie – man denke an das 11. bis 13. Jahrhundert – bestimmend, so trat nun die Naturwissenschaft ihre absolute Herrschaft an. Mehr unbewußt als bewußt vermied diese, die Frage nach dem Geist in der Natur zu stellen, und beschränkte sich allein auf die Erforschung der Außenseite derselben. Die Religion, soweit sie überhaupt gepflegt wurde, sah sich auf den «Glauben» zurückverwiesen und damit in das zweite Glied verdrängt. Im Bereich der Empfindungsseele wurde ihr ein gewisser Existenzraum zugebilligt, mühsam von Verstand aufgehellt und geschützt. Die geistige Führung der Menschheit war von der Naturwissenschaft übernommen, die Theologie ins «Abseits» verwiesen. Die Frage nach dem Wesensunterschied von Mensch und Tier wurde nicht mehr versucht, von der Bibel aus zu beantworten, sondern von den Zoologen, wie Darwin und Häckel. Das «Ebenbild Gottes» wurde nicht mehr gesehen und verstanden. An die Stelle der Sicht «von oben her» trat die «vergleichende Anatomie und Morphologie», welche von «unten», das heißt von den Säugetieren her den Menschen in die Naturreiche einzugliedern versuchte. Die Folge konnte nur sein: Wahre Wesenskunde des Menschen konnte nicht mehr gefunden werden.

Zusammengefaßt:

Das Leben der Neuzeit wurde nicht mehr von der Theologie – wie im Mittelalter –, sondern von der Naturwissenschaft und ihren technischen Entdeckungen bestimmt. Der spirituelle Verstand hatte dem materiellen Denken weichen müssen. Das Zeitalter der internationalen Technik und des Verkehrs, aber auch der globalen Kriege und der drohenden Gefahren durch unbeherrschte Atomenergie hat seinen «Siegeszug» angetreten.

Der Zusammenhang von Himmel und Erde

Das Geheimnis der Sieben und der Zwölf

Während der Engländer für den «Himmel» in seiner Sprache zwei Wörter hat, für den Himmel der Astronomen «sky» und für den Himmel des «Vaterunsers» «heaven», hat die deutsche Sprache für beide Bereiche nur das eine Wort: Himmel. Damit schließen sich die Deutschen der vorchristlichen Tradition an. Auch die Römer kannten nur das Caelum, welches das Himmelsgewölbe bedeutete, in dem zugleich die Götter (dei) zu Hause waren. Für die Griechen war es der Ouranus οὐρανός, das Sternenall, welches die Wohnsitze der Götter θεοί barg.

Je weiter man in der Geschichte der Menschheit zurückgeht, um so einheitlicher wird der äußere und innere Sternenhimmel, das «Oben» der Welt, als physisch-geistige Einheit erlebt, die alles andere Geschehen in sich birgt und verursacht.

Selbst das christliche Mittelalter vollzieht noch keine Trennung von Innen und Außen der Sternenwelt. Auch wenn in den ersten eineinhalb Jahrtausenden das Christentum sich zunehmend von der Geistigkeit in der Sternenwelt abwandte und den Gott im Innern der Menschenseele auf Erden suchte, es blieb immer noch ein starker Rest von Gottesverehrung der Sonne, dem Monde und der Sternenwelt gegenüber. Alle bis in die Gegenwart hinübergerettete Astrologie ist ein Zeugnis dafür, wie konkret noch im Mittelalter die Geistigkeit der Sternenwelt genommen wurde. «Der Du waltest über den Sternen» als Gebetswendung zum Vater der Welt enthält heute noch eine letzte Aussage dieser religiös-geistigen Grundhaltung der Menschheit.

Für einen zünftigen Astronomen heute ist dieses Zeitalter einer frommen Seelenhaltung gegenüber der Sternenwelt endgültig abgelaufen. Für ihn ist purer Aberglaube, was früheren Jahrtausenden als höchste Weisheit erschien.

Sollte es nicht an der Zeit sein, heute die Wahrheitsfrage zu stellen? Dabei ergibt sich als selbstverständlich, daß die Aussagen der Astronomen, soweit sie keine Rechenfehler enthalten und die Relativität des Standortes des Beobachters einschließen, der Wirklichkeit entsprechen. Daran zu zweifeln ist töricht. Aber wie alle Aussagen, die sich auf die messende Methode beziehen, nur in *einer* Daseinsschicht gültig sind, so stellt sich in der Gegenwart wie von selbst die Frage, ob es berechtigt ist, das, was durch Jahrtausende viele Völker als Wahrheit erkannt und gepflegt haben, heute mit einem Federstrich als Aberglauben abzutun? Haben wir, die wir heute die Einseitigkeit und das Ungenügende einer materialistischen Weltanschauung erkennen können, nicht allen Anlaß, uns behutsam fragend dem zu nähern, was einst allgemein als Weisheitsinhalt anerkannt wurde und bis in das praktische Leben hinein wirksam war?

Eine gewichtige Vorfrage gilt es zuerst zu stellen und zu beantworten: Wie kommt es, daß die Gelehrten des christlichen Mittelalters die Sternenlehre der sogenannten Heiden, der Griechen und Ägypter, mehr oder weniger anerkannten und auch pflegten? Niemals hat Hildegard von Bingen, ein Albertus Magnus oder selbst ein Thomas von Aquin gegen die Astrologie, gegen die geistig-physische Einwirkung der Sterne auf Natur und Menschenleben Stellung genommen. Für sie bestand kein Widerspruch zwischen dem göttlichen Urgrund der Welt, dem Vater, und den vielfältigen himmlischen Einflüssen der oberen Welt in die untere. Selbst Johannes Kepler, der nächst dem Kopernikus durch seine drei aufgefundenen Planeten-Gesetze einen so entscheidenden Beitrag für die moderne Astronomie geleistet hat, schrieb aus wirklicher Sorge heraus eine gründliche Schrift *zur Verteidigung* der Astrologie. Natürlich konnte er damals noch nicht überschauen, mit welch objektiver Gewalt sich die Wege der heraufkommenden Naturwissenschaft und der christlichen Theologie trennen mußten. Von der exakten Naturwissenschaft aus gesehen waren und sind weder die Astrologen noch die Theologen des 19. und 20. Jahrhunderts «Wissenschaftler». Darum gibt es heute auch keinen Weg zurück. Als Wissenschaft – ob als Natur- oder als Geisteswissenschaft – wird auch für die Zukunft nur anerkannt werden können, was auf echter Wahrnehmung – sei sie physisch, sei sie seelisch oder geistig – gegründet ist. Nur überliefertes bzw. hypothetisches Wissen reicht als Wahrheitsaussage heute nicht aus. Insofern wird die «Astrologie» noch einen weiten Weg zurückzulegen haben, wenn sie als Schicksalskunde wissenschaftlich ernst genommen werden soll. Das aber sollte nicht verhindern, daß wir heute die hochmütige Haltung der Selbstüberschätzung zu überwinden versuchen und bemüht sind, die Inhalte alter Weisheitsmitteilungen ernsthaft wieder zu erkunden.

Wenn heute auch christliche Theologen meinen, den Sterneneinfluß auf das Leben der Erde und der Menschen aus christlicher Weltanschauung heraus leugnen zu müssen, so sind sie selbst den materialistischen Gedankengängen der Naturwissenschaft erlegen und befinden sich in einem Irrtum. Das Christentum des Neuen Testaments macht an keiner Stelle einen Widerspruch zur antiken Sternenlehre geltend. Wohl aber bringt es zum Ausdruck, daß das Verhältnis der Sternenwelt zur Erdenwelt kein statisches, für alle Zeit gleichbleibendes ist, sondern gerade durch die Inkarnation des Gottessohnes Christus im Menschen Jesus von Nazareth in ein dynamisch fortschrittliches verwandelt wird. Nichts anderes bedeutet die Tatsache, daß der Christus Jesus zwölf Jünger um sich versammelt und als ihre geistige Mitte wirksam ist: «wie der Sterne Chor um die Sonne sich stellt». Dieses elementare Zeichen soll sagen: der Meister trägt den Himmel auf die Erde. Er ist der Sonne gleich, die mit Hilfe der zwölf Tierkreiszeichen im Oben wirksam ist. Jetzt ist dieser Geist des Oben, des Himmels auf Erden erschienen und hat seine zentrale Wirksamkeit in das Unten verlegt. So waren die Worte Johannes des Täufers konkret gemeint: «Das Himmelreich ἡ βασιλεία τῶν οὐρανῶν ist nahe herbeigekommen» (Matth. 3,2; 4,17 und 10,7). Lukas ergänzt: «Das Reich Gottes ist inwendig in euch» (Luk. 17,21).

Eine nur selten beachtete Stelle im 8. Kapitel des Markus-Evangeliums macht den Zusammenhang des äußeren und inneren Himmels klassisch deutlich.

Die Jünger hatten teilgenommen, wie zuerst 5000, später 4000 Menschen mit nur wenig Nahrung, die sie aus den Händen Jesu Christi empfangen hatten, sich gesättigt fühlten. Dabei waren noch erhebliche Reste von «Brocken» übriggeblieben. Das Ganze geschah unweit vom See Genezareth. Anschließend hatten sie miteinander ein Schiff bestiegen, um an das jenseitige Ufer zu gelangen. Unterwegs bemerken die Jünger, daß sie vergessen haben, Brot für die nächsten Tage einzukaufen. Sie machen sich darob gegenseitig Vorwürfe. Die Jünger sind halt Menschen und bedürfen als solche der äußeren Nahrung. Ihre Teilnahme an den «Speisungen» mag auch sie vorübergehend gesättigt haben, aber nun meldete sich ihr «natürlicher Mensch». Jesus bemerkte ihre Sorge und antwortete mit Vorwürfen, wie sie an keiner anderen Stelle des Evangeliums verzeichnet sind: «Was macht ihr euch doch für Sorgen, daß ihr kein Brot habt? Merkt ihr nichts versteht ihr nichts? Ist euer Herz erstarrt? Augen habt ihr und sehet doch nichts, und Ohren habt ihr und höret doch nichts und erinnert euch nicht: wie war es, als ich fünf Brote brach für die fünftausend, wieviel Körbe voll Brocken hobt ihr da auf?

Sie sprachen: *Zwölf.*

Wie ich aber sieben Brote brach für die Viertausend, wieviel Körbe voll Brocken hobt ihr da auf?

Sie sprachen: *Sieben.*

Und er sprach zu ihnen: Wie, merkt ihr immer noch nichts?»

Was auch immer an den Speisungsgeschehen geistige oder physische Wirklichkeit gewesen sein mag, so besagt doch dieses von Markus vermittelte «Gespräch» eines deutlich: Vorwurfsvoll sucht Jesus, seine Jünger wachzurufen, damit sie lernen, die Ereignisse, an denen sie teilhaben dürfen, auch geistig zu verstehen. Zwei Fragen stellt er ihnen mit Nachdruck. Die Jünger antworten im Chor, beide Male nur mit je einer Zahl: *Zwölf* und *Sieben.* Die *Zwölf:* die Zahl des Tierkreises, die sich zugleich in den zwölf Söhnen Jakobs und den zwölf Stämmen Israels spiegelt. Die *Sieben:* die andere «heilige Zahl», die Zahl der Planeten, jedem Juden vertraut vom «Siebentagewerk» der Schöpfung bis zum siebenarmigen Leuchter im Tempel.

Indem Jesus aus seinen Jüngern diese beiden Zahlen als Antwort auf seine dringlichen Fragen herausruft, sucht er sie an das Geheimnis des Sternenhimmels, das im Zusammenspiel der zwölf Ruhesterne (Tierkreis) und der sieben Wandelsterne (Planeten) besteht, zu erinnern. Das Schlußwort: «Wie, merkt ihr immer noch nichts?» kann nur bedeuten: Habt ihr nicht selbst erlebt, daß der, welcher vor euch steht und vor euren Augen wirkt, den ihr als euren Meister verehrt und ihm auf seinen Wegen nachfolgt, derjenige ist, der die Kräfte des Himmels, das Heilige der Zwölf und Sieben, auf die Erde bringt? «Merkt ihr immer noch nichts?»

Im folgenden sei der Versuch unternommen, die Rätsel der Qualitäten von den sieben Wandelsternen im Sinne der alten Sternenkunde: von Sonne und Mond, von Mercur, Venus, Mars, Jupiter und Saturn, und den Mythos der zwölf Zeichen des Tierkreises, beides im Diesseits wirksam, in aller Kürze geistig aufzuhellen.

Auch wenn die Religion des Volkes Israel in vielem polar zu dem griechischen Mythos stand und eine deutliche Abwendung vom Sichtbaren zum Unsichtbaren vollzog, so waren doch die Grundideen der ägyptischen und griechischen Weisheit jedem gebildeten Juden vertraut. Für die Esoterik Israels galt Jehova als Gottheit des Mondes, welche zum Sonnenkult der Griechen polar wirksam war. Jedenfalls muß es für die Israel entstammenden Urchristen und erst recht für die ersten Gläubigen in Griechenland und Kleinasien sowie im Reiche der Römer stets auf verständnisvollen Boden gefallen sein, wenn von Jesus Christus als einem auf die Erde gestiegenen Sonnenwesen die Rede war. Erst recht fand die Verkündigung der Urapostel offene Ohren bei solchen Zeitgenossen, die in irgendeiner Weise vom Neu-Platonismus berührt waren.

In der Astrologie des Mittelalters traten diese Lehren der Heiden erneut in Erscheinung, wurden aber durch die offizielle Theologie nach und nach in den Hintergrund gedrängt. Wir sagten schon: Erst in der Neuzeit wurde die Astrologie offiziell als Aberglaube abgetan. Sie führt seitdem als geistige Untergrundbewegung ihr Dasein. So paradox es auch erscheint, dieser «Aberglaube» ist heute wirksamer als in den letzten Jahrhunderten. Was wäre die «Bild-Zeitung», der «Stern» und manches andere Massenmedium von heute ohne das tägliche, wöchentliche oder monatliche Horoskop? Man kann sicher sein, daß der Absatz solcher Blätter erheblich zurückgehen würde, wenn die Herausgeber auf den Horoskop-Abdruck verzichten würden.

Die Frage muß gestellt und beantwortet werden: Worin ist diese Tatsache begründet, daß ein offiziell als Aberglaube gebrandmarktes Wissen der Vergangenheit heute ein solch hohes Interesse findet? Es ist ja ein offenes Geheimnis, daß es nicht nur der «primitive Mann auf der Straße» ist, der sich für das Horoskop – das eigene wie das allgemeine – interessiert, sondern daß auch «Spitzenleute» der Politik und Wirtschaft sich der erfahrenen Astrologen bedienen, um deren Rat für ihre Unternehmungen zu erhalten und anzuwenden.

Die Antwort lautet: Astrologie entbehrt zwar im Prinzip der wissenschaftlichen Forschungsmethode der Neuzeit, aber sie gründet auf Erfahrungen vergangener Zeiten, die sich keineswegs nur aus subjektiver Wunschsphäre ableiten. – Darum fahren wir fort in dem Bemühen, das Weltbild vergangener Kulturen in der Gegenwart unserem Verstehen zu erschließen und wenden uns zunächst dem Monde zu.

Der Mond

Die Frage nach dem Wesen des Mondes ist heute – Ende der siebziger Jahre des 20. Jahrhunderts – schwerer denn je zu beantworten. Zu sehr ist das Gegenwartsbewußtsein erfüllt von dem, wie es der Titel eines Buches nennt: «Der Griff nach dem Mond».

1959 und 1965 lieferten russische Sonden im Vorbeiflug vor dem Mond die ersten fotografischen Bilder von der Rückseite, das heißt von der von der Erde aus nicht sichtbaren Seite des Mondes. 1966 landete je eine russische und eine amerikanische Sonde auf dem Mond und übermittelten zusammen etwa 11 150 Fotos vom Monde zur Erde.

Am 20./21. Juli 1969 erfolgten durch die Amerikaner Armstrong und Aldrin (mit Apollo 11) und am 19./20. November 1969 durch Conrad und Bean die ersten Landungen von Menschen auf dem Mond!

Man wird das Jahr 1969 im Menschheitskalender groß schreiben dürfen. *Menschen betraten den Boden des Mondes.* Eine Leistung, die auf technischem Felde zu dem Bedeutsamsten gehört, was Menschen je aus eigener Kraft zustande brachten. Das muß anerkannt und soll nicht durch die folgenden Überlegungen geschmälert werden.

Von Max Born, dem bekannten Physiker und Nobelpreisträger, ist die Äußerung bekannt geworden: «Ich gehöre zu der Generation, die noch zwischen Verstand und Vernunft unterscheidet. Von diesem Standpunkt ist die Raumfahrt ein Triumph des Verstandes, aber ein tragisches Versagen der Vernunft!»

Treffender konnte die Zwiespältigkeit der Raumfahrt, insbesondere das mit ihr verbundene Problem der Mondforschung kaum charakterisiert werden! Ein Triumph des Verstandes, ein tragisches Versagen der Vernunft! Der Triumph ist so deutlich, daß es darüber keiner Erläuterung bedarf. Es ist, als ob alle Fortschritte und Entdeckungen der Naturwissenschaft und Ingenieurkunst nur dem einen Ziele dienen sollten, die Betretung und Erforschung des Mondbodens und der Mondumwelt zu ermöglichen. Eine triumphale Leistung!

Demgegenüber vermag das moderne Bewußtsein die Frage nach dem «Wesen des Mondes» kaum noch als dringlich zu empfinden. Und doch ist es die Kardinalfrage, ohne deren Beantwortung die Menschheit weltanschaulich in einen Abgrund gerät, aus dem es kein Entrinnen gibt.

Wenn man alles zusammennimmt, was durch die bisherige Mondfahrtforschung zutage gefördert wurde, und sich alle seitdem aufgetauchten Fragen beantwortet denkt, so bleibt das «Wesen des Mondes» weiterhin völlig verhüllt. Man wird weiter von der Schlacke sprechen, welche die Erde umkreist. (Leben, Seele und Geist bleiben im Verborgenen.) Das ist die Tragik, von der Max Born sprach. (Er starb am 5. Januar 1970.)

Als Paulus auf seinen Apostelwegen nach Ephesus kam, entstand bekanntlich ein Aufruhr gegen ihn, geschürt von dem Goldschmied Demetrius. Dieser verkaufte kleine silberne Nachbildungen des Artemis-(Diana-)Tempels, des Mondheiligtums zu Ephesus und bangte um sein Geschäft, falls Paulus «viel Volks abfällig» machen würde. Unter dem Ruf: «Groß ist die Diana der Epheser» stürmte eine aufgehetzte Volksmenge gegen die Schüler des Paulus, es kam zu Zusammenstößen – Paulus mußte Ephesus und Kleinasien verlassen und verlagerte seine Wirksamkeit nach Griechenland und Makedonien.

Zur Zeit des Paulus war Ephesus schon an die tausend Jahre alt, eine große Welt- und Handelstadt, vorübergehend ein Mittelpunkt des geistigen Menschheitsgeschehens vor ihren Nachfolgerinnen Athen und Rom.

Man braucht sich nur die Geburtsorte von bedeutenden Philosophen vor Sokrates auf der Landkarte anzusehen. Wie in einem Spiegel erblickt man, welchen Rang Ephesus als Zentrum in der frühen griechischen Philosophie eingenommen haben mag. Thales, Anaximander und Anaximenes stammten aus der Nachbarstadt Milet. Pythagoras kam von der Ephesus vorgelagerten Insel Samos. Anaxagoras aus Klazomenä, Pherekydes von Syros. Der große Heraklit (um 540 bis etwa 480 v. Chr.) war in Ephesus selbst geboren und lebenslang geblieben. Seine Lehre vom Strom des Werdens, von dem «alles fließt» πάντα ῥεῖ hat nicht nur auf seine Zeitgenossen und Nachfolger, sondern über Platon und die Stoa hinaus bis auf Hegel, Schleiermacher und Nietzsche eingewirkt. Solange Heraklit lebte, war Ephesus der geistige Mittelpunkt der vorsokratischen Schule. Schon zuvor hatte Ephesus durch seinen Artemis-Tempel, den man zu den sieben Weltwundern zählte, Weltberühmtheit erlangt. Doch diese zentrale Bedeutung darf nicht in erster Linie dem Bauwerk als solchem zugesprochen werden, sondern muß dem Geiste gelten, aus dem das Bauwerk hervorgegangen ist: *Der Mysterienstätte im Dienste der Mondgöttin Artemis.*

Wer aber war diese Gottheit, die in griechischer Zeit den Namen Artemis trug? Als Tochter des Göttervaters Zeus und als Schwester des Sonnengottes Apollon war sie die vom Monde her lenkend-leitende Göttin. Es braucht nicht zu irritieren, daß in späteren Zeiten die Namen Artemis und Selene, Diana und Luna fast synonym gebraucht wurden. Es ist das gleiche Problem, dem wir auch bei der Sonne begegnen: Apollon als Geistseele, Helios als Lebensleib der Sonne. Der äußere Blick begegnet der leuchtenden Sonne, dem Helios, und dem die Nacht erhellenden Mond, der Selene, die innere Erfahrung führt zu dem Geschwisterpaar: dem Geist der Sonne Apollon und dem Geist des Mondes Artemis, den Kindern der Leto und des Zeus.

Ebenso lasse man sich das reine Bild der Artemis nicht durch die Tatsache trüben, daß sie mit der Zaubergöttin Hekate zuweilen gleichgesetzt wurde. Sicherlich hat auch diese mit Mondwirkungen zu tun gehabt, niemals aber erscheint sie als der reine Geist des Mondes, so wie er in der Göttin Artemis erlebt wurde.

Wie bei Apollon können die überlieferten orphischen, altgriechischen Mysteriengesänge noch heute helfen, den Weg zu dem geistigen Urbild der Artemis zu finden. Aus der Fülle der Attribute, die sich zum Teil auch auf die äußere Mondwirksamkeit beziehen, wie «Allerleuchtende» und «Fackelträgerin», greifen wir drei heraus, die uns wesentlich erscheinen:

1. «Helferin bei der Geburt»
2. «Herrliche Früchte entsende der Erde»
3. «Freundin des Wahnsinns».

Artemis wird nicht nur die Helferin bei der Geburt genannt, sondern auch «Helferin in den Wehen» und «dem Kindbett hold». Damit ist der ganze Umkreis berührt, der das Geheimnis der menschlichen Fortpflanzung und Geburt umfaßt. Auch heute wird wieder, ausgehend von der weiblichen «Regel», das Augenmerk auf den Zusammenhang von Empfängnis und Geburt gelenkt und mehr als im 19. Jahrhundert die Dauer der Embryonalzeit von 10 Mondumläufen ($10 \times 28 = 280$ Tage) als Spiegel des Mondrhythmus beachtet. Zahlreich sind die Arbeiten, welche in neuerer Zeit diese Zusammenhänge statistisch zu erfassen suchen. Neben manchen dilettantischen gibt es eine Reihe sehr ernsthafter Untersuchungen, die alle unbestreitbare Abhängigkeiten von Geburtszeiten durch Mondeinflüsse konstatieren. Darüber hinaus kann es keinem Zeifel unterliegen, daß auch Pflanzen und Tiere insbesondere in ihren Fortpflanzungsvorgängen von Mondrhythmen beeinflußt werden.

Alle Mondforscher sehen sich vor ein Problem gestellt, das in dieser Weise in anderen Wissenschaften weniger auftaucht. An der Parallele zwischen Menstruations- bzw. Embryonalzeiten und den Mondrhythmen ist nicht zu zweifeln. Aber ob ein Kausalzusammenhang in bezug auf den jeweiligen Anfang zwischen beiden besteht, ist zwar oft – vor allem statistisch – untersucht, aber selten zufriedenstellend erwiesen worden. Es handelt sich um ein zentrales Problem, das alle kosmische Forschung über Abhängigkeiten irdisch-biologischer Vorgänge von außerirdischen Prozessen angeht. Denn je genauer in diese Zusammenhänge eingedrungen wird, um so deutlicher wird, daß die Wirk-Sphären des Kosmos auf irdische Lebensvorgänge als Geschehnisse in der Zeit dem Kausalbedürfnis terrestrischer Forschung *nicht* entsprechen. Wohl sind die Zeitlängen der Abläufe einander entsprechend, aber sie verlaufen in der Regel nicht mit Anfang und Ende gleichzeitig.

So kommt B. de Rudder[21], der sich vor allem auf die Untersuchungen des berühmten schwedischen Astrophysikers Svante Arrhenius bezieht, in einer Schrift (1937) über «‹kosmische› Rhythmen» zu dem Ergebnis, daß gewisse Parallelen unleugbar sind. Er nennt für Geburtstermine: Maxima 8. bis 11. und 24. bis 27. Tag des Monats. Für Menstruationsbeginne: Maxima 8. bis 14. und 23. bis 27. Tag des tropischen Monats. Doch sind die Abweichungen von der statistischen Mitte bedeutend. De Rudder stellt als Resultat fest, daß «es bis heute nicht gelungen (ist), für den Menschen eine an den Mondumlauf gebundene Periodizität einigermaßen übereinstimmend nachzuweisen.»

Obwohl seit der Arbeit von de Rudder eine Reihe von Forschern ihre Aufmerksamkeit und Arbeitskraft der Mond-Periodizität in ihrer Spiegelung in den menschlichen Lebensprozessen zugewandt haben – wir erinnern nur an Bühler, Kolisko, Pfeiffer u. a., mußte doch immer wieder zugegeben werden, daß eine absolut gleichzeitige Wirksamkeit der Mondperiodizität im kausalen Sinne nicht besteht.

Hier gab Rudolf Steiner[22] durch Einführung des Begriffes der *Emanzipation* der irdischen Lebensprozesse von kosmischen Einflüssen die entscheidende Gedankenhilfe. Von allen Wesen, die wir auf Erden kennen, ist der Mensch das von seiner Umwelt am stärksten «emanzipierte» Geschöpf. Pflanzen und Tiere sind insbesondere in bezug auf Empfängnis und Geburt ungleich gebundener als der Mensch. Tiere haben ihre festen Brunst- und entsprechend Geburtszeiten, art- und gattungsbedingt, zu bestimmten Zeiten im Jahr. Der Mensch kann seinesgleichen zu jeder Jahreszeit erzeugen, und entsprechend nach zehn Mondumläufen findet die Geburt statt. Damit ist der Mensch in bezug auf Anfang und Ende der Embryonalzeit vom Jahresablauf *«emanzipiert»*. Nach Steiner war das nicht zu allen Zeiten so. Vielmehr wurden in vergangenen Urzeiten alle Menschen – entsprechend wie heute bei den Tieren – zu bestimmter Jahreszeit empfangen (Frühjahr) und entsprechend 280 Tage, das heißt zehn (Mond-)Monate später um die Weihnachtszeit geboren. Erst im Laufe von vielen Jahrtausenden trat auf diesem Felde die Emanzipation des Menschen von einer direkteren Sonnen- und Mondabhängigkeit ein.

Das gleiche gilt für die Menstruationsrhythmen der Frauen. Einst erfolgten dieselben für alle weiblichen Wesen mehr oder weniger gleichzeitig in direkter Abhängigkeit von der Mond-Periodizität. Heute ist diese als Ablaufszeit geblieben, aber von dem gleichzeitigen Kausalitätszusammenhang hat sich jeder weibliche Organismus weitgehend emanzipiert. Wir finden diese geisteswissenschaftliche Erklärung einleuchtend.

Daß nicht nur die Sonne für das Pflanzenwachstum entscheidend wirksam ist, sondern daß auch der Mond bestimmten Einfluß auf dasselbe hat, ist heute nicht mehr zu leugnen. Als erste hat wohl Frau Dr. Lily Kolisko[23] ausführliche Experimente mit Mais, Kopfsalat, Kohl, Tomaten, Radieschen und Möhren vorgenommen. Sie fand die alte Bauernregel bestätigt, daß für viele Kulturpflanzen der günstigste Saattermin «zwei Tage vor Vollmond» sei. Wir erinnern weiter an die viel zuwenig beachteten

Arbeiten von M. Thun und H. Heinze[24], die nach neunjährigen, sorgfältig angestellten Versuchen zu eindeutigen Ergebnissen gelangten: Pflanzen – besonderes Versuchsobjekt waren Kartoffeln – sind in ihrem Gedeihen von den Stellungen des Mondes im Tierkreis eindeutig abhängig.

Auch Amerikaner wie Harold S. Burr (Yale University), Frank A. Brown[25] (North Western University in Illinois) u. a. haben durch eigene Versuche den direkten Einfluß des Mondes auf das Pflanzenwachstum bestätigt – ein Resultat, an dem manche naturverbundenen Gärtner und Bauern nie gezweifelt haben, was aber von der offiziellen Wissenschaft noch im ersten Drittel unseres Jahrhunderts als Aberglaube bezeichnet wurde. So ist es dazu gekommen, daß die vielfältigen Einwirkungen des Mondes mit nachweisbaren Schwerpunkten zu den Zeiten des Voll- und Neumondes heute international zum Forschungsobjekt geworden sind und der einstige «Aberglaube» neuerdings weithin als auf Tatsachen beruhende Erkenntnis anerkannt wird. Sowohl die Menstruationsperioden wie die Empfängnis- und Geburtsvorgänge sind nicht mehr von Mondzusammenhängen zu trennen. Der «Geist des Mondes», die Göttin Artemis der Griechen, ist als «Helferin in den Wehen und bei der Geburt» und als «Spenderin herrlicher Früchte» heute ebensowenig mehr zu leugnen wie als «Freundin des Wahnsinns»! Nicht nur die «Mondsüchtigkeit», virulent vor allem zur Zeit des Vollmonds, gehört zu den anerkannten leiblich-physischen Schwächen labiler Naturen, sondern auch Symptome psychisch Erkrankter, deren Schwankungen vielfach an Mondphasen gebunden sind. Nach Verlust der antiken Erkenntnisse war es vor allem Paracelsus, der Geisteskrankheiten der «Lunatici» zu erforschen suchte. Er erklärte die seelische Verwirrung der Mondsüchtigen als einen Raub des Verstandes, «von Körpersäften und Gehirnkräften» vor allem zu Zeiten des Vollmondes, als ein Auszehrungsakt durch die lunare «Anziehungskraft». Seit Paracelsus haben viele Forscher, zumeist Ärzte, Beobachtungen an Geistesgestörten im Mondzusammenhang erarbeitet und veröffentlicht. Auch hier kann kein Zweifel darüber bestehen, daß das orphische Wort von der «Freundin des Wahnsinns» eine Seite des Mondeinflusses kennzeichnet.

Alles in allem ist man in der Gegenwart veranlaßt, den Wahrheitsgehalt dessen neu zu erkunden, was für die Antike göttlicher Mythos war und in den letzten Jahrhunderten als Aberglaube verketzert worden ist. Es ist dies ein Musterbeispiel für die Tatsache, daß Aberglaube zwei sehr verschiedene Quellen haben kann: in unklarer, mystifizierender Phantasie und in geistleugnendem, rationalistischem Intellekt.

Wir sind der Meinung, daß die moderne Mondforschung erst an ihrem Anfang steht. Zu lange hat man als einzige Einwirkungskraft vom Monde her die Schwerkraft angesehen und geglaubt, damit das stärkste Phänomen des Zusammenhanges von Mond und Erde: Ebbe und Flut, die Gezeiten der Meere gültig erklären zu können. Durch Entdeckung dieser Teilwahrheit wurden mehr oder weniger alle anderen Bereiche, in denen der Mond im Irdischen wirksam ist, zugedeckt. Spätestens nach Entdeckung des Erdmagnetismus hätte man den Horizont der Forschung erheblich ausweiten müssen. Wie aufschlußreich ist allein die Tatsache, daß der Einfluß des Mondes auf den Erdmagnetismus umgekehrt proportional zum Sonneneinfluß steht. Prof. A. Nippoldt schreibt in seiner Arbeit: «Erdmagnetismus, Erdstrom und Polarlicht»: «Die Maxima», sind, «wenn der Mond im Horizont steht und die Minima bei seiner oberen oder unteren Kulmination».[26] *Welche Perspektiven zeichnen sich ab, wenn man von dieser Sicht aus das horizontale und vertikale Wachstum der Pflanzen untersuchen würde!* Wie gesagt, wir stehen am Anfang und nicht am Ende einer neuen Mondforschung!

Nach alter Überlieferung ist das Metall des Mondes das Silber und der Baum des Mondes der Kirschbaum.

Der Artemis
Ein Rauchopfer von Manna[27]

Königin, höre mich an,
Viel gerufene Tochter des Zeus,
Donnernde, hochgelobte Titanin,
Erhabene Titanin!
Allerleuchtende, Fackelträgerin,
Göttin Diktynna, dem Kindbett hold;
Helferin in den Wehen,
Selbst aber dem Kindbett fremd.
Gürtellöserin, Freundin des Wahnsinns,
Sorgenlösende, Jagende,
Rennerin, schleudernd die Pfeile,
Freundin der Jagd, die die Nacht durchstürmt;
. . .
. . . Helferin bei der Geburt . . .
Göttin der Erde . . .
Herrliche Früchte entsende der Erde,
Frieden und lieblich gelockte Gesundheit;
Krankheit und Leiden laß fahren dahin
Auf die Gipfel der Berge!

Die fünf sichtbaren Wandelsterne: Mercur, Venus – Mars, Jupiter und Saturn

Fünf Götternamen und zugleich den Inbegriff von fünf Seelenqualitäten des Menschen, das bedeuten diese Bezeichnungen der Wandelsterne.

Mercur (Hermes), der Götterbote mit den Flügelschuhen, Sohn des Zeus und der Nymphe Maja. Mit anderen Worten: Mercur-Hermes verdankt seinen Ursprung einer Verbindung göttlicher Weisheit mit der Welt der Maja, des irdischen Scheins. Dadurch war er prädestiniert, alle die Gebiete zu beherrschen, in denen Weisheit zur Klugheit werden muß, um irdisch wirksam zu sein: Handel und Verkehr, soziale Kommunikation und Wissenschaft. So ist Mercur zugleich der Gott der Ärzte, Kaufleute und – Diebe. Denn jenseits aller Moral bedürfen die Genannten der gleichen Kraft, um den selbstgestellten Aufgaben gewachsen zu sein: der beweglichen Intelligenz, die auch für List und Betrug benötigt wird. Als Zeichen dieser Beherrschung des Irdischen trägt Mercur den Schlangenstab in seinen Händen.

Mercur ist von allen Planeten der nächste Trabant zur Sonne. In mehreren Lemniskaten (Schleifenlinien) wechselt er von einer Seite unseres zentralen Gestirnes auf die andere. Sein Metall ist das bewegliche Quecksilber, sein Baum die Ulme mit den geflügelten Samen.

Dem Hermes
Ein Rauchopfer von Weihrauch

Höre mich, Bote des Zeus,
Hermes, der Maja Sohn,
Allbezwingenden Mutes mächtig,
Walter des Streites, des Menschen Gebieter;
Geleitender Argostöter,
Freund der Männer im Flügelschuh,
Künder des Wortes den Sterblichen,
Listenreicher Übungen Freund
Und des trügenden Spieles;
Träger des Schlangenstabes,
Alles verkündender Herold,
Schlauer Kaufmann, Löser der Sorgen,
Haltend in Händen des Friedens
Untadeligen Heroldstab.
Herrscher von Korkyros, schimmernd von Worten,
Seliger, Bringer des Heils,
Helfer strebender Mühen,
Den Menschen ein Freund in der Not;
Der Zunge wirksame Waffe,
Den Menschen Schrecken und Furcht:
Hör mein Gebet! Gewähre dem Leben,
Reizvollen Worten und hohen Gedanken
Und den Taten ein tugendlich Ende!

Aphrodite (Venus), die Göttin der Anmut und Liebe, verkörpert das Prinzip des Eros und der Schönheit in allen Bereichen der Natur und des Menschen. Als Tochter des Kronos ist sie die aus dem Schaum des uranischen Urmeeres geborene Göttin. Der Mythos will damit sagen, daß der Geist von Liebe und Schönheit von ältesten Zeiten in aller Schöpfung wirksam war und nicht erst im späteren Verlaufe erzeugt werden mußte. Die Venus-Stunde der Erde ist die der Dämmerung, wenn im farbigen Leuchten der Sonne ihr Stern als Morgen- oder Abendstern strahlend am Himmel leuchtet.

Ihr Metall ist das Kupfer, ihr Baum die Birke.

An Aphrodite

Himmlische, liederreiche,
Holdlächelnde Aphrodite!
Meergeborene, Göttin der Zeugung,
Reine, Freundin nächtlicher Feiern
. . .
Alles ist aus dir,
Du verbandest das Weltall im Innern,
Du gebietest der Dreizahl der Moiren,
Alles bringst du hervor,
Was da im Himmel ist,
Was auf der früchtereichen Erde
und in den Schlünden des Meeres lebt.
Des Bakchos heilige Tafelgenossin,
Freundin festlicher Liebesstunden,
Ehewirkende, Mutter der Sehnsucht,
Überredung zum Lager der Liebe,
Geheimnisvolle, reizspendende Herrin!
. . .
Du verstrickest die Sterblichen
Und der Tiere Geschlecht,
Das unzählige, lieberasende,
Unter dem Liebeszauber
In den zügellos taumelnden Zwang.
. . .
Komm, o selige Göttin
Mit holdseligem Angesicht,
Höre mich, ich rufe dich an
Mit reiner Seele und heiligen Worten!

Ares (Mars), der Gott des Krieges und Kampfes ist von allen Göttern der Griechen auch heute noch der populärste. Er ist ein Sohn des Zeus und der Hera. Auch er ist in allem Diesseits wirksam gegenwärtig: als Kampfgeist, als mutiger Kämpfer, stets zum Streit bereit, ein schöpferisches aber auch vernichtendes Prinzip in aller Natur und im Menschenleben. Nach Mars gilt das «Recht des Stärkeren». Hätten die Griechen Darwins These vom «Kampf ums Dasein» als das die Evolution aller Lebewesen auf Erden bewirkende Prinzip kennengelernt, so würden sie sicherlich geantwortet haben: Darwin hat Zeus, den Gott der Weisheit, von seinem Throne gestoßen und dessen Sohn Ares zum Göttervater erhoben.

Das Metall des Mars: das Eisen. Der Baum des Mars: die Eiche.

Dem Ares
Ein Rauchopfer von Weihrauch

Unbeugsamer, Mutgewaltiger,
Überstarker, mächtiger Daimon,
Unbezwinglicher, Waffenfreudiger,
Mauerstürmer und Menschentöter,
Ares, waffendröhnender Herr,
Von ewigen Morden bespritzt,
Kriegsfreudiger, Grauser, erfreut
Vom männermordenden Blut –
Musenfeindlichen Zwist
Verlangst du mit Dolchen und Schwertern.
Stille die rasende Zwietracht,
Löse die seelenschmerzende Qual!
. . .
Wechselnd der Waffen Gewalt
Gegen die friedlichen Werke des Deo!

Zeus (Jupiter). Zwischen dem rötlich leuchtenden Mars und dem geheimnisvoll verdunkelten Saturn nimmt Jupiter die Mitte ein. Als sichtbarer Planet ist er der größte, sein zur Erde dringendes Licht das hellste der sonnenfernen Wandelsterne. Er galt den Alten als Sitz des Göttervaters Zeus, dem Inbegriff aller Weisheit und Lenker aller Erdenschicksale. Als Primus inter pares teilte er die Herrschaft mit seinen Brüdern Poseidon, dem Gott der Meere, und Pluton, dem Regenten der Unterwelt.

Geistig blind und taub ist der Mensch, der nicht bemerkt, daß alles Naturgeschehen von Weisheit durchwaltet ist und alle Schicksalsereignisse nur von höherer Warte verstanden werden können. Es sollte einleuchten, daß der Mensch vergangener Zeiten versuchte, den Quellen solcher die Welt durchdringender – soweit nicht der Mensch selbst als Störfaktor auftritt – Allweisheit nachzugehen. Wenn durch lange Zeitenläufe die Menschheit in dem Stern Jupiter ein solches Zentrum erblickt hat, sollte es den Gegenwartsmenschen zur Vorsicht mahnen, solche spirituelle Tradition als Aberglaube samt und sonders abzutun. Auch hier widersprechen ihm die heutigen Astrologen, für welche der Jupiter als Planet wirksamer Weisheit außer Zweifel steht.

Das Metall des Jupiter ist Zinn, der ihm zugehörende Baum der Ahorn.

Dem Zeus
Ein Rauchopfer von Styrax

Vielgepriesener Zeus –
Unvergänglicher Zeus; dieses Zeugnis
Bringen wir dir: Erlösung und Bitte.
O König, all dieses erschien durch dein Haupt:
Mutter Erde, die göttliche,
Der Berge ragende Höhen,
Das Meer und was der Himmel
In seinen Wölbungen wirkt.
Kronius Zeus, der Träger des Szepters,
Niederfahrender, mächtig an Mut,
Aller Erzeuger, Anfang und Ende,
Erderschütterer, Mehrer und Nährer,
Allbewegender, Sühnender,
Blitzender, grollender Donnerer,
Höre mich, zeugender Zeus!
. . .
Selbsterzeugter, der Seligen Vater
Und der sterblichen Menschen, gib
Des Opfers Gnade, schenke dem Geiste
Alles, was ihm das Schicksal bestimmt.
Gib ihm glückseliges Leben
Und die Fürstin Gesundheit,
Gib ihm Frieden, die glänzende
Männernährende Göttin,
Und ein Leben, das immerdar
Von hochherzigem Denken sproßt!

Kronos (Saturn) ist der für unsere Augen fernste und dennoch sichtbare Planet. Durch Fernrohre erkennt man unschwer, daß seine Kugelgestalt von einem freischwebenden Ring umgeben ist, der seinerseits aus vielen kreisenden Einzelkörpern besteht. Sein etwas abgeschatteter, leicht düsterer Glanz wurde von eh und je im Zusammenhang mit dem durch ihn wirkenden Gotte Kronos-Saturn gesehen. Dieser gilt als der älteste der Götter, als der «Uralte», dessen Vater der Uranos (der Himmel, die geistige Welt) und dessen Mutter die Gaia (die Urerde) war. Er selbst zeugte die eigentliche Göttergeneration der Griechen: Zeus, Hera, Poseidon, Pluton, Demeter u. a. Vor ihnen war Kronos der Regent der diesseitigen Welt – in jener Zeit, da alle Kreatur sich noch in Gottnähe befand, jenem Zustande, der als «goldenes Zeitalter» bezeichnet wurde. Sein Name ist wohl von Chronos = Zeit abzuleiten. Das würde den Mythos verständlich machen, nach dem Kronos seine eigenen Geschöpfe verschlingt. Denn was in der Zeit entsteht, wird auch von der Zeit wieder verschlungen. So ist es auch einleuchtend, daß Kronos-Saturn zugleich der Gott des Todes ist, der alles Zeitgeschehen beendet.

Sein Metall ist das Blei, seine Bäume die dunklen Nadelhölzer wie Zypressen, Tannen, Fichten, Kiefern, aber auch die Buchen.

Dem Kronos
Ein Rauchopfer von Styrax

Feurig Flammender,
Vater der seligen Götter und Menschen,
Fleckenloser, schillernd vom Rate,
Gewaltiger, wehrhaftiger Titan;
Alles verschlingst du, um selbst es zu vermehren,
Du hältst die unzerreißbare Fessel
Um das unermeßliche All.
Kronos, Allerzeuger des Zeitraumes,
Kronos, buntschillernd von List,
Der Erde Sproß, des Sternenhimmels
Keimstoff, zugleich des Wuchses Verkürzer,
Gatte der Rhea, Vordenker der Zukunft,
Aller Zeugung Beherrscher, du wohnst
Über des Weltalls Teile dahin.
Höre Trefflichster
Meine flehende Stimme:
Einem glücklichen Leben
Sei ein seliges Ende beschert!

Zweifellos kreist alles Leben in unserem Planetensystem um die Sonne. Sie ist der Mittelpunkt unserer Welt. Sie ist das Zentrum aller Kräfte, welche die Erde mitsamt ihren Trabanten, dem Monde, und die fünf sichtbaren Planeten, Mercur, Venus, Mars, Jupiter und Saturn, bewegen und beleben. Durch die Sonne sind diese Weltkörper mit allem, was zu ihnen gehört, zu einem einzigen Organismus verbunden. Es ist mehr als ein Gleichnis: die Sonne ist das Herz unserer Welt.

Was weiß die Menschheit von diesem Herzen? Allen Ernstes hat man in der Neuzeit von der Sonne als einem Gasball gesprochen, der ausschließlich nach chemisch-physikalischen Gesetzen aufgebaut ist und dementsprechend mechanisch funktioniert. Es ist dieselbe Zeit, in der das menschliche Herz als eine Pumpe verstanden wurde, die gleichfalls nur nach mechanischen Gesetzen das Blut durch die Adern treibt.

Nur wenige Jahrzehnte trennen uns von dieser Epoche, in welcher die Materialisten glaubten, ehrlicherweise von Sonne und Herz als Gasball und Pumpe sprechen zu müssen. Wenn diese primitive Blindheit für den in der sichtbaren Welt waltenden Geist auch heute nicht mehr so gilt, wie sie etwa vor hundert Jahren wirksam gewesen ist, darf man dennoch in der Gegenwart noch nicht von überwundenem Materialismus sprechen. Das Unzureichende der rein analytisch-mechanistischen Auffassung ist zwar allermeist erkannt, doch bis zum Sieg einer spirituellen Forschung ist es noch ein weiter Weg.

Wollen wir das Wesen der Sonne ergründen, so geht es in erster Linie um die Beantwortung der Frage: *Was ist das Wesen des Sonnenlichtes?*

Wieder ist es Goethe, der als erster die Einseitigkeit der Erkenntnissituation der u. a. von Galilei und Newton inaugurierten Forschung durchschaute und versuchte, einen wesentlichen Beitrag zu ihrer Vertiefung mit seiner Farbenlehre zu geben. Ihm war klar, daß die Sonne als Quellort des Lichtes, von dem alles Leben auf Erden bewirkt und ermöglicht wird, nicht nur ein materieller Körper sein könne. Seine ehrfürchtige Seele ließ ihn das Licht als das «heilige, das bewegte» empfinden. Mit Staunen – derjenigen Seeleneigenschaft, durch welche nach Aristoteles jede wahre Philosophie beginnt – und in nüchterner Wahrheit machte Goethe sich den unmittelbaren und untrennbaren Zusammenhang des Sinnesorgans Auge und dem Lichte bewußt: «Das Auge hat sein Dasein dem Licht zu danken. Aus gleichgültigen tierischen Hilfsorganen ruft sich das Licht ein Organ hervor, das seinesgleichen werde, und so bildet sich das Auge am Lichte fürs Licht, damit *das innere Licht dem äußeren entgegentrete.*»

Mit diesen Worten hat Goethe bereits das Grundsätzliche seiner Forschung angedeutet: Es gilt, die äußerlich wahrgenommene Welt aus ihrem eigenen Inneren zu verstehen. Goethe fügt hinzu: «Hierbei erinnern wir uns der alten ionischen Schule, welche mit so großer Bedeutsamkeit immer wiederholte, nur von Gleichem werde Gleiches erkannt, wie auch der Worte eines alten Mystikers» – gemeint ist Jakob Böhme – «die wir in deutschen Reimen folgendermaßen ausdrücken möchten:

Wär' nicht das Auge sonnenhaft,
Wie könnten wir das Licht erblicken?
Lebt' nicht in uns des Gottes eigne Kraft,
Wie könnt' uns Göttliches entzücken?»

Auf diesen Zusammenhang von Innen und Außen legt Goethe für das Erkennen der Welt größten Wert. Wie im Mittelalter als gegeben angenommen wurde, daß der Makrokosmos, die große Welt, sich im Mikrokosmos, der kleinen Welt – Erde und Mensch umfassend – ständig wesenhaft spiegelt, so nimmt Goethe als Voraussetzung für die Möglichkeit einer Lichterkenntnis die «unmittelbare Verwandtschaft des Lichtes und des Auges» an. Er vermutet, daß es vielleicht für manche schwierig sei, «beide als eins und dasselbe zu denken». «Indessen wird es faßlicher, wenn man behauptet, im Auge wohne ein ruhendes Licht, das bei der mindesten Veranlassung von innen und von außen erregt werde. Wir können in der Finsternis durch Forderungen der Einbildungskraft uns die hellsten Bilder hervorrufen.»

Bekannt ist, daß Goethes Farbenlehre in erster Linie aus Opposition zu der Optik von Isaak Newton (1643–1727) entstanden ist. Im Zuge der in seiner Zeit sich entwickelnden quantitativen Physik waren es vor allem der Holländer Christiaan Huygens (1629–1695) und der Engländer Isaac Newton, die mit Hilfe von Apparaturen das Licht in Farben auflösten und zerstückelten. Dieser in ihrer Weise zweifellos berechtigten, aber eben doch höchst einseitigen Methode suchte Goethe in jahrzehntelanger Arbeit seine Lichtlehre entgegenzusetzen. Selbstverständlich ist dieses Werk heute in Einzelheiten überholt, nicht aber in der grundsätzlichen Methode und Zielsetzung.

Wir sagten, daß es die Kernfrage zum Verständnis der Sonne ist: *Was ist das Wesen des Lichtes?* – Goethes Anwort liegt in mehreren Bänden vor: «Beiträge zur Optik» (1791); «Entwurf einer Farbenlehre» I. Band und «Enthüllung der Theorie Newtons» (1710), II. Band: «Materialien zur Geschichte der Farbenlehre»; «Entoptische Farben» (ab 1817), «Paralipomena zur Chromatik» (1817–1823).[28]

Schon aus dem großen Umfang dieses Werkes mag man entnehmen, welche Bedeutung Goethe diesem seinem Kampf um Tiefenverständnis des Lichtes zumaß. Er selbst spricht einmal zu Eckermann davon, daß er in seiner Farbenlehre einen wichtigeren Beitrag für die geistige Entwicklung der Menschheit geleistet habe als in seinem dichterischen Werke. So liest man in den «Gesprächen mit Eckermann» unter dem 29. Februar 1829: «Auf alles, was ich als Poet gelernt habe, bilde ich mir gar nichts ein. Es haben treffliche Dichter mit mir gelebt, es lebten noch trefflichere vor mir, und es werden immer ihrer nach mir sein. Daß ich aber in meinem Jahrhundert in der schwierigen Wissenschaft der

Farbenlehre der einzige bin, der das rechte weiß, darauf tue ich mir etwas zu gute, und ich habe daher ein Bewußtsein der Superiorität über viele.»

Unsere Aufgabe muß sein, die Frage zu stellen und zu beantworten: Irrte hier Goethe? – Wenn sein stolzes Selbstbewußtsein die Wahrheit aussprach, dann allerdings gilt es für das gegenwärtige Zeitbewußtsein im letzten Drittel des 20. Jahrhunderts, erheblich mehr Verständnis für konkreten «Goetheanismus» zu entwickeln, als es bislang geschah. Dann aber ist es auch unzulässig, weiter von der Sonne als einem Gasball zu reden, dessen Wirkungen rein materieller Art sind.

Da es den Rahmen dieses Buches bei weitem sprengen würde, Wesen und Inhalt der Farbenlehre Goethes darzustellen, müssen wir uns darauf beschränken, das bisher schon Gesagte durch Charakterisierung des Wesens seiner Lichtlehre zu ergänzen. Dies soll im wesentlichen mit Goethes eigenen Worten geschehen.

Das Vorwort zur «Farbenlehre» beginnt: «Ob man nicht, indem von den Farben gesprochen werden soll, vor allen Dingen des Lichtes zu erwähnen habe, ist eine ganz natürliche Frage, auf die wir nur kurz und aufrichtig erwidern: es scheine bedenklich, da bisher schon soviel und mancherlei von dem Lichte gesagt worden, das Gesagte zu wiederholen oder das oft Wiederholte zu vermehren. *Denn eigentlich unternehmen wir umsonst, das Wesen eines Dinges auszudrücken. Wirkungen werden wir gewahr, und eine vollständige Geschichte dieser Wirkungen umfaßte wohl allenfalls das Wesen jenes Dinges.* Vergebens bemühen wir uns, den Charakter eines Menschen zu schildern; man stelle dagegen seine Handlungen, seine Taten zusammen, und ein Bild des Charakters wird uns entgegentreten.

Die Farben sind Taten des Lichts, Taten und Leiden. In diesem Sinne können wir von denselben Aufschlüsse über das Licht erwarten.»

Mit diesen wenigen Sätzen gab Goethe die genaue Charakterisierung seiner Erkenntnisart. Sie besteht in erster Linie nicht in der Analyse des Gegenstandes, dessen Wesen es zu ergründen gilt, sondern in genauer Beschreibung von Gestalt und allen Wirkungen, die von demselben ausgehen. Es kommt somit auf eine gründliche *Phänomenologie* an, die eine genaue Verhaltensforschung einschließt. Doch verlangt gerade eine solche phänomenologische Verhaltensforschung, daß der Forscher sich nicht auf die äußere Beschreibung der dinglichen Gestalt oder Prozesse beschränkt, sondern daß er auch bemüht ist, das Phänomen und den in dessen Umwelt wirkenden Geist in Gedanken zu erfassen und darzustellen.

Ein Beispiel möge dies erläutern: Wenn die moderne Verhaltensforschung die beobachtete Triebnatur der Tiere zur Erklärung menschlichen Verhaltens verwendet, so folgt sie damit einer Tendenz, die sich seit Entstehung des Darwinismus der Psychologie bemächtigt hat. Durchschaut man das Verhältnis von Tier und Mensch, so wird man das Tierreich, wie wir es dargestellt haben (s. S. 99), vom Menschen her als der Zusammenfassung des ganzen Tierreiches wirklichkeitsgemäßer erfassen können, nicht umgekehrt. Denn es entspricht der Wirklichkeit, *den Teil vom Ganzen her zu verstehen* und nicht das Ganze aus der Perspektive eines Teiles. Wer das übersieht, wird leicht trotz zutreffender Wahrnehmungen zu falschen Schlüssen gelangen. Mit anderen Worten: Die Methode Goethes verlangt zugleich selbstloses Beobachten der Sinnesvorgänge und ein objektives geistiges Durchdenken der wahrgenommenen Zusammenhänge. So entsteht: Wesenskunde.

Wir kehren zu dem Zentralgestirn unseres Planetensystems zurück, zur Sonne. Für uns Menschen auf der Erde ist das, was wir Sonne nennen, untrennbar mit ihren Auswirkungen, der Lichtausstrahlung verbunden. Georg Blattmann hat dies in seinem Buche über die Sonne überzeugend dargetan: «Die Sonne ist nicht irgendwo fern, im menschenunzugänglichen leeren All. *Sie ist, wo sie scheint*, also wirklich hier, zwischen den Blumen, Tieren, Menschen, alles umspülend, alles durchdringend mit ihrer lichten Strahlenflut.»[29] Die Frage «Wo ist die Sonne?» findet somit die Antwort: sie ist innerhalb unseres Planetensystems *überall gegenwärtig*.

Wenn man bedenkt, daß alles organische Leben in Raum und Zeit von der Sonne her bestimmt und gelenkt wird, so ahnt man, daß es zum Wesen der Sonne gehört, in *allem*, was «diesseits» existiert, wirksam zu sein.

Die Voraussetzung für jegliche tierische und menschliche Existenz ist das Vorhandensein von Nahrung. Diese wird im Prinzip geschaffen durch die Fähigkeit der Pflanzen, mit Hilfe von Wasser und Luft (Kohlensäure) durch die Sonnenenergie Substanzen zu schaffen, welche nähren, das heißt Tier und Mensch im Dasein erhalten. Die Sonne erleuchtet und erwärmt nicht nur die Welt, in der wir leben und die wir abgekürzt das «Diesseits» nennen, sondern sie ist zugleich *die Quelle für alles Leben*.

Wenn Goethe von den Taten und Leiden des Lichtes spricht, so sind es in erster Linie die Taten, die wir wahrnehmen: die Erleuchtungen, die Erwärmungen und Belebungen. In den Bereichen von Finsternis, Kälte und Leblosigkeit ist es die Sonne, die im Kampf mit diesen Gegenmächten die grünende und atmende Lebenswelt *leidend und kämpfend* erzeugt und erhält.

Das ist das eigentliche Urphänomen der diesseitigen Welt. Wer sich dessen bewußt ist, wird verstehen, warum vor Erscheinen Jesu Christi über die ganze Erde hin Sonnen-Religionen verbreitet waren. Die Menschen vergangener Zeiten erlebten in der sichtbaren Sonne den unsichtbaren Gott, der die Welt lenkt und leitet. So kam es zu der symbolisch wirkenden Begegnung zwischen Paulus, dem Verkünder des neuen Gottes, und den Athenern, den Repräsentanten der Gottesverehrung im Kosmos.

Was Paulus dereinst aussprach, vermag auch heute wieder wegweisend zu werden. Seine Rede begann: «Ihr Männer von Athen, ich sehe, daß ihr in allen Stücken gar sehr die Götter fürchtet.

Ich bin hindurchgegangen und habe gesehen eure Gottesdienste und fand einen Altar, darauf war geschrieben: Dem unbekannten Gotte. Nun, gerade diesen verkündige ich euch, dem ihr bisher unwissend als Gott gedient habt.

Gott, der die Welt geschaffen und alles, was in ihr ist, der, der *ein* Herz des Himmels und der Erde ist, er wohnt nicht in Tempeln, die durch Menschenhände gebaut sind. Der Dienst, der ihm gebührt, wird auch nicht mit Händen ausgeübt. Wie sollte der eines Menschen bedürfen, der allen Menschen das Leben und den Atem und alles Dasein gegeben hat.

Er hat bewirkt, daß von *einem* Blut alle Geschlechter der Menschen über die ganze Erde hin wohnen. Er hat die Wohnsitze alle bestimmt und vorhergesehen, wie sie in Raum und Zeit sich eingliedern. So daß sie Gott suchen und wenn sie ihn ersehnen, auch zu finden vermögen. Und fürwahr, er ist nicht ferne von einem jeden von uns. *Denn in ihm leben, weben und sind wir.*»[30]

Wenn man an die Stelle, wo Paulus von Gott spricht, das Wort «Sonne» setzen würde, brauchte man weiter nichts zu ändern. Das Gesagte bleibt auch dann sinnvoll. Denn in der Sonne «leben, weben und sind wir». So wenig ein «toter Gott» in diesem Zusammenhange etwas bedeuten würde, so sinnlos ist es, von der Sonne als einem toten Gasball zu reden.

Johannes Kepler, dem die wissenschaftliche Astronomie entscheidende Entdeckungen und Gedankenanstöße zu verdanken hat, hat sich niemals verleiten lassen, in der Sonne nur einen materiellen, physischen Körper zu sehen. Indem er die Bewegungen der Planeten um ihren bewegenden Mittelpunkt, die Sonne, studierte und die Erde als einen beseelten Organismus erfaßt hatte, dessen gesamte Lebensprozesse von der Sonne her gelenkt werden, kommt er zu dem Resultat:

«Wie immer es sich verhalten mag, zweifellos ist es, daß sechs Hauptbahnen um die Sonne herumgelegt sind, die sie durch ihr ewiges Umkreisen hegen und sozusagen anbeten. Zu dieser Erwägung tritt ... noch die besonders harmonische Veranstaltung, ein recht augenfälliges Zeugnis der Vorsehung im Sinnenreiche. All das zwingt mich zu dem Bekenntnis, daß von der Sonne, dem Herde und Auge der Welt, das Licht nicht bloß in die ganze Welt ausstrahlt, wie Leben und Wärme aus dem Herzen, das als König und Urbeweger alles bewegt, – sondern daß sich andererseits auch alle Ausflüsse der Welt in der Sonne *sammeln*. Mit dem Rechte des Königs bezieht sie sozusagen als Einkünfte wundervoll liebliche Zusammenklänge.» [31]

Kepler wagt hier einen kühnen Gedanken auszusprechen: Die Sonne ist nicht nur wirksam tätig, sondern sie nimmt durch ihre Strahlung auch die von ihr erhellte und belebte Welt wahr und in sich auf. Was Goethe vom Lichte sagt, daß es nicht nur tätig ist, sondern auch erleidet, kleidet Kepler positiv in die Worte «sie bezieht Einkünfte».

Nimmt man das Bild von der Sonne als Herz des Planetensystems ernst und versucht, ihren Wirkungsbereich im Sinne des Blutkreislaufs zu verstehen, so ergibt sich diese Keplersche Auffassung aus den bekannten Daten wie von selbst. Nur daß vergleichsweise der arterielle Strom der Sonne vor aller Augen liegt, der venöse Rückfluß aber für die Sinne unwahrnehmbar bleibt. Kepler kommt zu dem Resultat, daß «in der Sonne wir das Vermögen der unmittelbaren geistigen Anschauung (intellectum simplicem) anzunehmen haben, das geistige Feuer oder den Urgeist, die Quelle jeglicher Harmonie».

Diese Sonnenlehre Keplers ist so gut wie in Vergessenheit geraten. Die sogenannten «Keplerschen Gesetze» über die Ellipsenbewegung der Planeten nach dem Gravitationsgesetz lernt heute jedes Kind in der Schule. Von dem Johannes Kepler, der ernsthaft von der Erdseele und dem Geist der Sonne sprach, erfährt es in der Regel nichts. So möge hier ein Text Keplers der Vergessenheit entrissen werden, mit dem er sein Werk «Die Zusammenklänge der Welt (= «Harmoniae mundi») beschließt.

Mit dem Blick auf die Sonne fragt Kepler: «Ist jene Kugel leer und sind alle übrigen erfüllt, wo sonst alles andere zweckmäßig gefügt ist? Wie, wenn die Sonne schwarzes Gewölk ausdampft, wie die Erde Wolken? Wie, wenn die Sonne durch die Flecken, die an ihr herausbrennen und sie leuchtend umschweben, mit ihrem ganzen feurigen Leib und in hellschimmernden Flämmchen Licht ausstrahlt, so wie die Erde durch befruchtende Regenschauer genetzt wird und stetig ergrünt? Wem mag solche Veranstaltung dienen, wenn die Weltkugel selbst öde dahinschwebt?» Erst wenn man das ganzee Gewicht dieser Fragen in ihrem unerbittlichen Ernst erfaßt hat, wird man Keplers Antwort nicht leichthin nehmen, sondern zumindest als Wahrheitsmöglichkeit anhören und die hymnische Sprache Keplers nüchtern deuten: «O, alle Sinne rufen es mit einem Male aus: hier wohnen feuerdurchglühte Leiber, fähig, unmittelbare Anschauung zu fassen, – *hier in der Sonne herrscht das Geistfeuer*, wenn nicht als König, so doch in königlicher Veste. –»

Mit nur wenigen Schlußsätzen beendet Johannes Kepler 1618 – im Jahre, in dem der Dreißigjährige Krieg begann! – sein geniales Werk. Konfessionellen Gegnern, die ihn wegen seiner «Sonnenanbetung» als Heiden verketzern könnten, entzieht er den Boden, indem er auf den göttlichen Untergrund aller Schöpfung hinweist und zugleich andeutet, daß sein Werk nicht ein Ende, sondern der Anfang spiritueller Offenbarung über das Sinnensein bedeutet:

«Nun rufe ich mit dem königlichen Psalter: Mächtiger Herr, dessen Güte und Weisheit ohne Grenzen ist: lobpreiset ihn, ihr Himmel; lobsinget ihm, Sonne, Mond und Wandelsterne mit allen Sinnen, die ihr habet, ihn zu fassen, und in allen Sprachen, die ihr gebrauchen könnt, um den Schöpfer zu rühmen ... Lobe auch du, meine Seele, Gott, deinen Schöpfer, solange ich sein werde: *denn aus ihm, durch ihn und in ihm selbst ist alles, sind die Dinge der Sinnenwelt und das Reich des reinen Geistes*. Das, von dem wir gar nichts wissen, und das, was wir wissen, jener winzig kleine Teil alles Wißbaren. Denn heute soll mehr noch nicht enthüllt werden. Ihm sei Lob, Ehre und Ruhm in alle Jahrhunderte! Amen.»

So schließt dieses bedeutsame Werk des Astronomen Johannes Kepler über den Geist der Sinneswelt ab, als hätte er eine Predigt gehalten.

Hat man erfaßt, daß Licht und Leben nicht definierbar sind, wohl aber ihrem Wesen nach *erlebbar* und *erkennbar*, so kann Johannes Keplers Sonnenlehre eine Brücke zur Sonnenreligion der vorchristlichen Völker schlagen.

Mehr als durch Germanen und Perser sind wir über das religiöse Verhalten der Griechen zur Sonne und dem Sonnengeist unterrichtet. Der erste Eindruck kann täuschen. Es mag so scheinen, als ob die Griechen zwei Sonnengötter nebeneinander verehrten: Helios und Apollon. In Wahrheit handelt es sich um zwei Wirkenssphären der Sonne, die untrennbar zusammengehören wie der lebendige Leib eines Menschen und seine Geistseele.

Diese zwei zusammenklingenden Aspekte der Sonnenverehrung finden sich deutlich ausgesprochen in den orphischen Hymnen über Helios, den Titan, und Apollon, den Gott.

Helios, «der goldblinkende Titan», wird besungen als der «Walter des alldurchschauenden, ewigen Auges», als der «Fernhochwandelnde», als die «himmlische Leuchte».

Dementsprechend heißt es vom Gotte Apollon: «Herr von Delos, du *hast* das allsehende Auge, das den Sterblichen strahlt ... Denn du überschauest den ganzen, unermeßlichen Äther, die vom Glück gesegnete Erde und von droben im Finstern, in der Ruhe der Nacht unter dem sternenäugigen Dunkel tief unten das Wurzelgeflecht. Dein sind die Grenzen des Alls, Anfang und Ende dir anvertraut.»

Helios wie Apollon wirken im Erlebnis der Griechen nach den Gesetzen der Musik. Von Helios heißt es: «Du lenkst mit goldener Leier des Alls harmonische Bahn, mit Flötengesang.»

Zu Apollon gewandt: «Du stimmst mit klingendem Spiele den Himmelspol zur Harmonie, einmal schreitend dahin zu den Tönen der Tiefe, dann zur klingenden Höhe, und nun zu Doriums Weise ...»

Gemeint ist die durch ihre Einfachheit gekennzeichnete dorische Tonart, die hier den Charakter einer Grundtonart erhält, in der die Sonne ertönt.

Beide Hymnen bezeugen, was Pythagoras die tönende Weltenharmonie, den Klang der Sphären-Harmonie genannt hat und was Goethe im Faust verkündet:

«Die Sonne tönt nach alter Weise
in Brudersphären Wettgesang ...»

Schließlich gipfelt der Helios-Hymnus in der Lobsagung: «Allerleuchtender, kreisendes Auge des Alls ... König des Weltalls, Wächter der Treue, immerdar Höchster, Helfer und Freund, Lebenslicht, der Gerechtigkeit Auge ...»

Apollon wird besungen: «Daher nennen die Menschen dich mit deinem Namen den Herrscher, den Sender des Brausens der Winde ... *daher hast du des ganzen Weltalls formendes Siegel.*»

Wir wüßten nichts, was gegen diese höchste Charakterisierung der Bedeutung der Sonne für unser Planetensystem durch die Griechen vom Wissen und Erleben der Gegenwart her einzuwenden wäre.

Der Geist der Sonne hält in seinen Händen «des ganzen Weltalls formendes Siegel».

Dem Helios

Hör mich, Glückseliger! Waltend
Des alldurchschauenden, ewigen Auges,
Fernhochwandelnder, himmlische Leuchte,
Goldblinkender Titan;
Unermüdlicher, Selbsterzeugter,

Holder Anblick der Lebenden!
Zur Rechten der Morgenröte
Erzeuger, zur Linken der Nacht,
Du mengst im Viertakt des Reigens
Der Horen wechselnde Schar;
Schnellfüßiger, Feuriger, Wirbelentfacher,
Heiterblickender, Lenker des Wagens,
Der in Wirbeln umfährt
Des unermeßlichen Kreises Bahn.
Frommen ein Weiser zur Schönheit,
Doch den Bösen feindlich gesinnt.
Du lenkst mit goldener Leier
Des Alls harmonische Bahn,
Aufzeiger der Werke des Guten,
Held, der die Horen ernährt.
Herrscher des Alls, mit Flötengesang,
Feuriger Renner, im Kreise wirbelnd,
Schimmernder Bringer des Lichts,
Spender des Lebens, fruchtgebender Paian,
Ewigblühender, Fleckenloser,
Vater der Zeit, unsterblicher Zeus!
Heiterer, Allerleuchtender,
Kreisendes Auge des Alls,
Brennend und lodernd, schönglänzend in Strahlen,
Richter des Rechtes, der Flüsse Freund;
König des Weltalls, Wächter der Treue,
Immerdar Höchster, Helfer und Freund,
Lebenslicht, der Gerechtigkeit Auge,
Rosselenker, mit schwirrender Geißel
Den vierspännigen Wagen treibend –
Helios, höre mein Wort:
Wonniges Leben zeige den Mysten!

Dem Apollon

Komm, Seliger . . . strahlend von Ruhm,
Nothelfer, Spender des Segens
Mit goldener Leier, Erwecker der Keime,
. . . Drachentöter,
Hehrer delphischer Seher,
. . . lichtbringende Gottheit,
Anmutiger, herrlicher Held,
Harfenspieler, Schöpfer des Reigens,
Treffender Schütze, Schleudrer der Pfeile,
. . .
Herr von Delos, du hast
Das allsehende Auge,
Das den Sterblichen strahlt.
Goldhaariger, du läßt erscheinen
Reine, weissagende Offenbarung:
Hör mich mit gnädigem Sinne,
Der für die Völker fleht;
Denn du überschaust
Den ganzen, unermeßlichen Äther,
Die vom Glück gesegnete Erde,
Und von droben im Finstern,
In der Ruhe der Nacht,
Unter dem sterneäugigen Dunkel
Tief unten das Wurzelgeflecht;
Dein sind die Grenzen des Alls,
Anfang und Ende dir anvertraut.
Allerblühender Gott,
Du stimmst mit klingendem Spiele
Den Himmelspol zur Harmonie,
Einmal schreitend dahin
Zu den Tönen der Tiefe,
Dann zur klingenden Höhe.

...
Wintern und Sommern,
Beiden teilest du Gleiches zu,
Winter den Tönen der Höhe,
Sommer den Klängen der Tiefe,
...
Daher nennen die Menschen dich
Mit deinem Namen, den Herrscher,
Den Sender des Brausens der Winde,
Daher hast du
Des ganzen Weltalls formendes Siegel.
Seliger, hör unser Wort!
Rettung sende dem Flehn der Geweihten!

Fassen wir noch einmal den Sternenmythos der Planeten zusammen, so sind wir sieben Ur-Sphären begegnet, die seit je Natur und Menschenleben im Diesseits durchdringen:
Der Mond = lebenspendende Mütterlichkeit
Der Mercur = allseitige Beweglichkeit
Die Venus = Anmut, Schönheit und Eros
Die Sonne (Helios) = leuchtende Führungskraft
Der Mars = Kraft, Macht, Kampf
Der Jupiter = Weisheit in Natur und Schicksal
Der Saturn = Geist der Zeit und des Todes.

Schließlich sei noch auf die sieben Beziehungen in der alten Sternenkunde verwiesen, die zwischen den sieben Wandelsternen und den inneren Organen des Menschen bestehen:

Der Mond wirkt speziell auf die Fortpflanzungsorgane (und das Gehirn), der Mercur auf die Lunge, die Venus auf die Nieren, die Sonne auf das Herz, der Mars auf die Galle, der Jupiter auf die Leber und der Saturn auf die Milz. Auch die Kenntnis dieser Zusammenhänge wurde durch Jahrtausende gepflegt und anerkannt, dann aber wie so vieles andere als Aberglaube abgetan.

Das unseren natürlichen Sinnen zugängliche «Diesseits» endet am Gewölbe des Sternenhimmels. Der Saturn bildet die Grenzmarke zwischen den im Zeitenlauf immer ihren Ort verändernden Wandelsternen und den für unsere Augen ständig den gleichen Ort in Beziehung zueinander einnehmenden Ruhesternen.[32] Ob die Erde als Scheibe gedacht oder als Kugel im Weltall erkannt wurde, stets blieb ihr gegenüber der Himmel der Fixsterne als ein alles umfassendes Kugelgewölbe, das je nach den Orts-, Tages- und Jahreszeiten der Erde einen bestimmten Teil seiner Innenfläche zuwendet.

Gleich der Erde hat dieses Himmelsgewölbe zwei Pole und in der Mitte einen Äquator, der seit Urzeiten den Namen «Tierkreis» trägt. Er bildet zugleich von der Erde her gesehen die Bahn, welche Sonne und Wandelsterne über den Himmel der Ruhesterne ziehen. Es entzieht sich unserer Kenntnis, wann die Bezeichnung «Tierkreis» zuerst in der Menschheitsgeschichte auftauchte. Sicher ist, daß dieser Zeitpunkt Jahrtausende vor Christi Geburt gelegen haben muß und daß die Sternenkunde der Chaldäer und Ägypter bereits entsprechende Vorstellungen entwickelt hatte.

Zu der Sieben der Planeten trat die Zwölf des Tierkreises, welcher in zwölf Stationen, wir können auch sagen Kräftefelder, gegliedert und beschrieben wurde. Auch wenn die zwölf Namen jeweilig an bestimmte Sternbilder anschließen, beruht diese alte Darstellung doch zugleich auf einer Himmelsmathematik, durch welche der Himmelsäquator von insgesamt 360 Grad in zwölf Abschnitte gegliedert wurde, die ihrerseits zwar je 30 Grad ausmachten, aber niemals nur quantitativ, sondern stets qualitativ erlebt und beschrieben wurden.

Wir nennen zunächst die Namen: Steinbock, Wassermann, Fische, Widder, Stier, Zwillinge, Krebs, Löwe, Jungfrau, Waage, Skorpion, Schütze. Zwölf Namen, die auf die zwölf Stationen hinweisen, welche im Laufe jeden Jahres von der Sonne durchlaufen werden und jeweilig ihre spezifischen Gestaltungskräfte von geistig unterschiedlichen Qualitäten mit denen der Sonne und der Wandelsterne verbinden. Für den Nichtunterrichteten besagen die zwölf Tierkreisnamen wenig, für den Kenner viel. Natürlich kann man sich auf das rein mathematisch Gekennzeichnete beschränken, dann ist eine Aussage wie «die Sonne steht im Zeichen der Fische» oder «die Venus steht im Zeichen der Waage» ein rein örtlicher Hinweis, der mit der alten Sternenlehre oder der gegenwärtigen Astrologie wenig zu tun hat. Das ändert sich vollständig, sobald mit den Namen auch die zwölf Nuancen von zwölf differenzierten Sternenwirksamkeiten gemeint sind. Für den absoluten Skeptiker bleibt dann noch die Frage unbeantwortet, wie es möglich ist, daß in einer gemeinsamen Sprache durch Jahrtausende hindurch über die Sterne geredet wurde, die Millionen von Menschen anerkannten und verstanden.

Wir sahen, daß die sieben Wandelsterne in unmittelbare Beziehung zu der Funktion der sieben inneren Organe des Menschen gebracht wurden. Einem verwandten Prinzip begegnen wir, wenn wir erfahren, daß die zwölf Tierkreiszeichen den Gestaltungskräften des menschlichen Körpers zugrunde gelegt wurden, und zwar, wenn wir von dem Haupt bis zu den Füßen absteigen, in der folgenden Weise:

1.	Dem Kopf, insbesondere dem Hirn und Schädel, entspricht	= der	Widder
2.	Den Sprachwerkzeugen und dem Kehlkopf	= der	Stier
3.	Der Schulter und der mit ihr verbundenen Trennung in rechts und links der Arme	= die	Zwillinge
4.	Dem Brustkorb mit allen Rippen	= der	Krebs
5.	Dem Herzen	= der	Löwe

6.	Den inneren Organen	= die	Jungfrau
7.	Den Hüften	= die	Waage
8.	Der Geschlechtssphäre	= der	Skorpion
9.	Den Oberschenkeln	= der	Schütze
10.	Den Knien	= der	Steinbock
11.	Den Waden	= der	Wassermann
12.	Den Füßen	= die	Fische.

Unschwer kann man zu dieser Aufgliederung der zwölf Tierkreiszeichen auf zwölf Körperpartien eine gewisse Gefühlsbeziehung finden. Nur bedarf es dazu einer schöpferischen Phantasie, welche die Brücke von der statischen zur dynamischen Auffassung zu bilden vermag. Dann aber kann das Verständnis für diese astrologische Parallelsetzung von Tierkreis und Körperaufbau sogar zum Schlüssel werden, den qualitativen Sinn für die Tierkreisnamen zu entwickeln.

1. Der *Widder* ist gekennzeichnet durch das Gehörn oberhalb der Stirn. Es ist das Organ des Durchsetzungsvermögens, das im Menschen sich mit seiner *Aufrichtekraft* verbindet und so ihn in das Oben und Unten seiner Existenz eingliedert.

2. Der *Stier* vermag durch Maul und Kehlkopf seine Stimme brüllend geltend zu machen. Für den Menschen ist das *Sprachvermögen* eine entscheidende Fähigkeit, ohne welche er sein Menschtum nicht verwirklichen kann.

3. Die *Zwillinge* weisen auf die Polarität alles diesseitigen Geschehens hin. Wer nur «einseitig» denkt, versteht die Welt nicht. Es bedarf der *geistigen Beweglichkeit*, allen Dingen ihr Rechts und Links abzulauschen.

4. Der *Krebs* ist ein Tier, das wie andere Gliederfüßler durch seinen Thorax, den Kopf-Brustpanzer, der die empfindlichen Organe der Atmung und des Kreislaufs einschließt, gegen Gegner geschützt wird. Der Mensch muß gleichfalls auf Schutz bedacht

sein, aber er ist nur Mensch, wenn er auch bemüht ist, andere zu schützen und durch helfende *Umhüllung* zu bergen.

5. Der *Löwe* in der Natur ist durch ein ungewöhnliches Herz gekennzeichnet, das auch durch Herausbildung der Brust das ganze Tier beherrscht. Dem verdankt der Löwe seinen Rang als «König der Tiere». Das Herz im gesunden Menschen ist sein *zentrales, führendes Organ*. Alles kommt bei ihm auf das Herz an. Ein Mensch «ohne Herz» ist ein Mensch ohne Mittelpunkt, im Grunde haltlos und schwach.

6. Die *Jungfrau* appelliert an *reine Innerlichkeit*. Verlust der Jungfräulichkeit kann Verlust des eigenen Wesens bedeuten. «Jungfräulichkeit» in der Sternenkunde ist mehr als bloßes Mann-oder-Frau-Sein. Sie bedeutet die immerwährend neu gewonnene Fähigkeit reiner *Unberührtheit* und *Unbefangenheit* im Wahrnehmen und und Denken von Welt, Erde und Mensch.

7. Das Bild der *Waage* spricht für sich selbst. Allüberall kommt es auf das «*Ausgewogensein*» an. Physisch muß stets der Mensch das Gleichgewicht wiederherstellen. Er kann sich in den Hüften wiegen. – Weder darf er sich nur nach einer Seite neigen noch ständig pendeln. Wer die innere Waage beherrscht, hat im Ausgleich durch Selbstzucht sich selbst in der Hand.

8. Der *Skorpion* hat einen Stachel, und derselbe kann tödlich wirken. Doch kannten schon die Ägypter die Lösung: wer den Skorpion überwindet und verwandelt, erwirbt den geistigen Adler. Es bedarf keiner Erläuterung, inwiefern die Geschlechtskräfte nur jenseits von Gut und Böse in ihrem wahren Wesen erfahrbar sind. Man versteht, daß sie stets die Forderung nach *Verwandlung* zur Geistigkeit stellen.

9. Der *Schütze* ist ein Mensch, der ein *Ziel im Auge* hat. Beim Gehen sind es die Oberschenkel, durch welche der Mensch die

Richtung seines Weges bestimmt – wie ein Schnelläufer, ein Sprinter seine Oberschenkel wie Pfeile nach vorne wirft. Ziellose Menschen geraten vom Wege ab und gelangen in die Irre.

10. Der *Steinbock* beherrscht die Knie. Wer je Gemsen oder Steinböcke im Hochgebirge gesehen hat, kennt deren Klimmvermögen in die Höhe. Kräftiges *Durchsetzungsvermögen gegen jeden Widerstand* ist gemeint, wenn vom Steinbock die Rede ist.

11. Was ein *Wassermann* ist, läßt sich nicht so leicht definieren. Wir waten mit den Waden im Wasser. Aber was heißt das? Im Gegensatz zur festgefügten Form und begrenzten Zeit sind Wasserkräfte gestaltlos und nur von außen zu begrenzen. Auf den Bahnen des Wassers, den Weiten der Meere und der Wolken *findet der Mensch die Fernen* und wird immer in *Gefahr* sein, *sich im Unbegrenzten zu verlieren.*

12. Schließlich die *Fische.* Für viele Menschen bedeutet heute schon die Sonne in den Fischen ein Aufruf der Zukunft entgegen. Die Bewegung der Fische ist Ausdruck des unbewußten Willens dieser Wassertiere. Wir Menschen leben mit unserem bewußten Willen in Händen und Füßen. Energische Aufforderungen werden mit dem Faustschlag auf den Tisch oder einem Fußtritt auf den Boden begleitet. Das ist grober Wille. Doch es gibt auch *geistigen Willen.* Eine Menschheit, die sich dem Schlaf und Traum entrungen hat, darf im Zeichen der Sonne in den Fischen mit selbstlosen Willenskräften einer neuen, wachen Zukunft entgegenstreben. Nicht zufällig war das Zeichen der Fische den Urchristen heilig.

Die zwölf «Häuser» der sieben Planeten

Eine weitere Hilfe zum Verständnis des Tierkreises vermag die überlieferte Lehre von den zwölf «Häusern» der sieben Planeten zu sein.

Nach der Tradition gilt, daß Sonne und Mond je nur ein «Haus» haben, die fünf Planeten hingegen je zwei. Gemeint ist mit der Bezeichnung «Haus» ein Tatsachenbereich, der eine starke Verwandtschaft mit menschlichen Beziehungen hat. Auch wir sagen, wenn wir uns irgendwo besonders wohl fühlen: da fühle ich mich «wie zu Hause» und meinen damit, daß das betreffende Milieu uns wohltut, daß wir uns in unserem «eigenen Element» gestärkt erleben. In einem ähnlichen Sinne sagen die Astrologen: die Sonne ist im Zeichen des Löwen «in ihrem Hause». Gemeint ist die Zeit von Juli bis gegen Ende August, jene Sommerzeit, in der die Sonne uns wie in ihrem eigentlichsten Element wirksam erscheint. Anders als die Frühjahrssonne oder die Herbstsonne bringt die «Löwensonne» die eigentliche Vollkraft des Sonnenelementes zum Durchbruch. Indem die Sonne – von der Erde aus gesehen – vor dem Tierkreiszeichen des Löwen vorübergeht, verbinden sich beide zu gemeinsamer erhöhter Wirksamkeit. Das ist gemeint mit der Aussage: die Sonne hat im Zeichen des Löwen ihr «Haus».

Wenn in den vier Wochen zuvor, etwa vom 22. Juni bis zum 22. Juli, die Sonne im Zeichen des Krebses steht, durchläuft sie das Haus des Mondes. Auch diese Aussage der Astrologie ist gefühlsmäßig erfaßbar. Der lebensverbundene, mütterliche Mond fühlt sich in der umhüllenden, bergenden Kraft des Krebses in seinem eigenen Wesen bestätigt.

Wie gesagt, die fünf Planeten haben je zwei Häuser:

Der Mercur in den Zwillingen und der Jungfrau
Die Venus im Stier und der Waage
Der Mars im Widder und Skorpion
Der Jupiter in den Fischen und dem Schützen
Der Saturn im Steinbock und Wassermann.

Mit etwas Anstrengung bildhafter Phantasie lassen sich diese verwandtschaftlichen Beziehungen zwischen Planeten und Tierkreiszeichen auch heute noch nachempfinden. Man versteht spontan, daß der Mars in den aggressiven Zeichen Widder und Skorpion in seinem Elemente ist oder die Liebeskraft der Venus physisch mehr dem Stier, geistig mehr der Waage verbunden erlebt wird. Unschwer vermag man ebenso den Zusammenhang von Mercur, Jupiter und Saturn zu den entsprechenden Zeichen als ihren «Häusern» vielleicht mehr ahnend als durchschauend aufzunehmen.

Da die sieben Planeten von Zeit zu Zeit alle zwölf Ruhestern-Stationen durchwandern, so entstehen 7 × 12 Wirkungsweisen, das sind 84 Aspekte des Himmels gegenüber der Erde und ihren vier Reichen. Auf dem Kennen und Durchschauen dieser 84 Einstrahlungen und den dadurch entstehenden ungezählten Aspekten von Konjunktion und Opposition, von Trigonalaspekten und Quadraturen usw. beruht die ganze «Wissenschaft» und Weisheit der Astrologie, der alten Kunde von dem Einfluß der Sternenwelt auf das Diesseits der Erde und Menschheit.

Christus und die Sonne

Von den orphischen Mysteriengesängen aus steht der Weg offen, der zu einer gerechten Anerkennung des untergegangenen «Sonnen-Christentums» der Iro-Schotten zu führen vermag. Diese hatten die übliche Verketzerung der Heiden als «Sonnenanbeter» nicht mitgemacht, sondern nach einer Synthese der höchsten Offenbarung in der Natur – der Sonne – und der Offenbarung Gottes in einem Menschen – in Jesus Christus – gestrebt. Das wurde ihnen von Rom als Rückfall in das Heidentum ausgelegt.[33] Es kam zur rücksichtslosen Bekämpfung der Iro-Schotten und ihrer Vernichtung. Es ist dies eines der wirklich tragischen Ereignisse innerhalb des Christentums selbst.

Der Eifer, mit dem dieses vermeintliche Heidentum bekämpft wurde, zerstörte zugleich die ursprüngliche Weltweite des christlichen Impulses und führte im Mittelalter zu der verhängnisvollen Naturferne des offiziellen Christentums in Europa. Man vergaß, daß das Christentum nur *eine* Welt kennt, die in allem und jedem aus Gott geboren ist. Zwar wurde diese in einem Teil durch den Absonderungsfall der Menschheit verdunkelt und in gottfeindliche Bahnen gelenkt, doch ihr Ursprung ist und bleibt göttlich. Und was erinnert wesenhafter und eindeutiger an diesen gemeinsamen Ursprung «von allem, was geworden ist» (Joh. 1,3) als eben die unaufhörlich Licht und Leben spendende Sonne?[34]

In den Evangelien, ja im ganzen Neuen Testament findet sich

nichts von Sonnenfeindlichkeit. Wohl aber wird der Name Helios mehrfach entscheidend positiv genannt. Zur Verdeutlichung dieses Helios-Impulses innerhalb des Urchristentums seien die folgenden Evangelienstellen hier herangezogen.

Im 17. Kapitel seines Evangeliums beschreibt Matthäus, wie Jesus den internen Führungskreis der drei Jünger: Petrus, Jakobus und Johannes von den anderen neun absondert und mit sich nimmt «auf einen hohen Berg», den Tabor. Dort geschieht, was gemeinhin die «Verklärung» genannt wird.

Dem heutigen Bewußtsein vermag vielleicht ein Zugang zu dem Geschehen eröffnet werden, wenn man auf den griechischen Text zurückgreift. Luther übersetzt: «Und er ward verklärt vor ihnen» – genauer aber muß es heißen: «Und er wurde vor ihnen verwandelt» – das uns vertraute Wort «Metamorphose» steckt in dem griechischen Verbum. Dann fährt der Text fort: «Und sein Antlitz *leuchtete wie die Sonne* ὡς ὁ ἥλιος – *wie der Helios*. Und seine Gewänder wurden leuchtend hell wie das Licht.»[35]

In die Sprache der Gegenwart übertragen darf man sagen: Bis zu diesem Augenblick sind die Jünger ihrem Herrn und Meister mit Vertrauen und Hingabe gefolgt, leiblich sahen sie ihn mit ihren physischen Augen so, wie alle Menschen einander anschauen. Doch auf dem Tabor wurde es den drei Jüngern erstmalig – und wohl auch einmalig – gegeben, ihn hellseherisch wahrzunehmen und seine Aura zu sehen. Im gleichen Moment stand ihnen auch das Reich der Verstorbenen offen, und sie sahen die beiden großen – verstorbenen – Führer Israels in der unmittelbaren Nähe ihres Meisters: Moses und Elias im Lichte des Helios.

Von Petrus berichten die Evangelisten übereinstimmend, daß er den Wunsch äußerte, sich in dieser leibfreien Wahrnehmung halten zu können. Wörtlich sagt er: «Gut ist es für uns, so zu sein» – das heißt in diese Lichtsphäre schauen zu dürfen. Und er fährt fort: «Wenn es deinem Willen entspricht, werde ich drei

Behausungen schaffen: dir eine und für Moses eine und eine für Elias.» Doch offenbar reichte die Kraft des Petrus auf die Dauer nicht aus, sich mit seinem Bewußtsein in dieser sonnenhaften ätherischen Sphäre behaupten zu können. Das Evangelium fährt fort: «Noch während er sprach, siehe, da überschattete sie eine Lichtwolke und siehe, eine Stimme ertönte: ‹Dies ist mein mir in Liebe verbundener Sohn, in ihm werde ich zur Offenbarung gelangen (mich offenbaren). Höret auf ihn.› Wie das die Jünger hörten, fielen sie auf ihr Antlitz nieder und waren voller Furcht. Jesus aber trat zu ihnen, berührte sie und sprach: ‹Richtet euch auf und seid ohne Furcht.› Da sie die Augen öffneten, da sahen sie nur noch Jesus allein.»

Unter dem Eindruck der Inspiration, des Hörens des göttlichen Wortes, waren sie überwältigt zu Boden gefallen. Von Jesus angerührt, kamen sie wieder zu sich. Jetzt erwachten sie wieder zu ihrem normalen irdischen Bewußtsein. Sie sahen Jesus in seiner leiblichen Menschengestalt, doch blieb die Wahrnehmung der sonnengleichen Aura ihres Meisters in ihrer Erinnerung als ein tief nachwirkendes Erlebnis vorhanden.

Sobald ein Mensch, und sei es auch nur eine einmalige Erfahrung in seinem Leben, begnadet wurde, die leuchtende (oder auch verdunkelte) Aura eines Mitmenschen wahrzunehmen, hat er einen unmittelbaren Zugang zu diesem Bericht von dem «Verklärungsereignis», wie ihn die drei Evangelisten Matthäus, Markus und Lukas geben. Da bedarf es für ihn keiner Entmythologisierung, sondern er weiß, daß es sich um die heilig-nüchterne Schilderung eines realen Vorkommnisses handelt, durch das die drei Jünger auf eine fast natürlich zu nennende Art in das Wesen ihres Meisters eingeweiht wurden. Sie hatten den Weg von dem äußeren, sichtbaren Lichte zum inneren, unsichtbaren, von der physischen Sonne zu der des Lebensgeistes gefunden.

Das Jenseits war ihnen im Diesseits aufgegangen. Wesentlich ist, daß die Verwandtschaft des äußeren Sonnenlichtes mit dem inneren Licht erlebt wird. Solange dies nicht gelingt, bleibt das Grunderlebnis der Welt dualistisch, wird man von dem sichtbaren Diesseits und dem unsichtbaren Jenseits sprechen. Die Folge ist dann eine Erkenntnistheorie, wie sie Kant und seine Nachfolger entwickelten und damit den Zwiespalt in der Menschenseele permanent machten. Mit gutem Grund hat darum einst Rudolf Steiner diese Situation gekennzeichnet: «Unsere Zeit leidet an einem ungesunden Kantglauben.»

Wie sehr das Urchristentum im Gegensatz dazu fühlte und dachte, geht aus manchen weiteren Aussagen und Berichten des Neuen Testaments hervor. So lieferte Paulus ein weiteres klassisches Zeugnis für die konkrete Wirksamkeit des inneren Lichtes durch die Schilderung seiner eigenen Bekehrung. Im 9. Kapitel der Apostelgeschichte wird das in das Leben des Paulus tief eingreifende Ereignis von dem Schreiber dieser Urkunde, von Lukas, konzentriert erzählt.

Im 22. und 26. Kapitel berichtet Paulus selbst, beide Male mit fast den gleichen Worten, was ihm vor Damaskus begegnet ist. War er doch zunächst unter dem Namen Saulus ein fanatischer Bekämpfer und Verfolger der Christen gewesen. Nach seiner eigenen Darstellung tat er alles, um diese damals in seinen Augen gefährlichen Sektierer ihren Gegnern auszuliefern und somit ihre Gefangennahme und Tod zu bewirken. «Ich band sie und überantwortete sie ins Gefängnis, beide, Männer und Frauen ... Es geschah aber, da ich unterwegs war und nahe an Damaskus kam, es war die Mittagszeit, da umleuchtete mich plötzlich ein starkes Licht vom Himmel, woraufhin ich zu Boden fiel und zugleich eine Stimme hörte, die zu mir sprach: Saul, Saul, warum verfolgst du mich? Ich antwortete: Herr, wer bist du? Er sprach zu mir: Ich bin Jesus von Nazareth, den du verfolgst. Die aber mit mir zusammen waren, *nahmen auch das Licht wahr* und erschraken. Die Stimme aber von dem, der zu mir sprach, hörten sie nicht. Ich aber sprach: Herr, was soll ich tun? Der Herr aber sprach zu mir: Stehe auf, gehe nach Damaskus; dort wird man dir von allem sagen, was dir zu tun aufgetragen ist. Als ich aber infolge der starken Leuchtkraft des Lichtes nicht sehen konnte, nahm man mich an der Hand, und ich wurde von denen, die mit mir waren, geführt – und so kam ich nach Damaskus» (Apostelgesch. Kap. 22,4–11).

Man muß den Bericht, den Paulus hier selber von seiner «Bekehrung» gibt, schon gründlich umfälschen, wenn man das geschilderte Lichterlebnis nur gleichnishaft nehmen will. Aber auch das ist nicht möglich, nur von einer äußeren Sonneneinwirkung zu reden und das Ganze im Sinne einer Entmythologisierung als eine Art Sonnenstich abzutun. Ebensowenig aber ist die Wirklichkeit erfaßt, wenn man den Vorgang nur «rein geistig» verstanden wissen will. Die dritte Darstellung der Apostelgeschichte (26. Kap.) ist als Verteidigungsrede des Paulus vor König Agrippa gehalten. Da spricht er von einem Licht, das ihn auf dem Wege vom Himmel her umleuchtete, das heller war *«als der Sonne Glanz»* – wörtlich: *«heller als der Helios»*.

Was Paulus beschreibt, ist ein Lichterlebnis, das ihm äußerlich und innerlich zugleich widerfahren ist. Unschwer läßt sich zeigen, daß alles, was man den «Paulinismus» nennen darf, von einem solchen Monismus ideeller Art durchdrungen ist und sich ohne Widerspruch mit dem johanneischen Christentum zusammenfügt.

Sowohl das Evangelium wie die Apokalypse (Offenbarung) des Johannes sind durchdrungen von einer solchen «monistischen» Lichtlehre. Man denke nur an die Selbstaussage Jesu Christi, welche Johannes im 8. Kapitel wiedergibt: *«Ich bin das Licht der Welt»* – ἐγώ εἰμι τὸ φῶς τοῦ κόσμου – «wer mir nachfolgt, der wird nicht wandeln in der Finsternis, sondern das Licht des Lebens haben.»[36]

Natürlich ist hier von keinem äußeren Lichte die Rede. Wohl aber gilt es zu spüren, daß das äußere Licht, das allem diesseitigen Leben leuchtet, zutiefst verwandt ist mit dem Lichte, das nach Johannes auf göttlich-geistige Weise den unsichtbar wirksamen Lebenskräften des Menschen durch Christus zuteil wird. Wer dies nicht zugesteht, geht am Wesen des johanneischen Christentums vorbei.

Was unter dem «johanneischen Christentum» zu verstehen ist, wird von einer Seite her in den ersten fünf Versen des Johannes-Evangeliums ausgesprochen:

«Im Urbeginne war das Wort – der Logos –, und das Wort war bei Gott und ein Gott war das Wort – der Logos. Dieses war im Urbeginne bei Gott.»

Alles ist durch dasselbe geworden – und nichts von dem Entstandenen ist ohne dasselbe geworden.

«In ihm war das Leben, und das Leben war das Licht der Menschen.

Und das Licht scheint in die Finsternis, aber die Finsternis hat es nicht begriffen» (Joh. 1.1–5).

Dies ist die urkundliche Bezeugung aus urchristlicher Zeit, daß die Teilung der Welt in ein Diesseits und ein Jenseits, in eine Welt der Natur und eine Welt Gottes nicht zum Wesen des Christentums gehört.

Wohl erlebt der Mensch auf Grund seiner Beschränkung *zunächst* die Dualität von Materie und Geist, auch Erde und Himmel genannt, von Diesseits und Jenseits. Aber Ursprung, Wesen und Ziel von Erd- und Menschheitsgeschichte werden nur dann erfaßt, wenn der alleinige göttliche Weltengrund und der schaffende Logos als *allem* Sein und Werden zugrunde liegend erlebt und erkannt werden. Das nennen wir den christlichen Monismus, für den Goethe das Wortgebilde geprägt hat: «Gott-Natur», gültig für den Teil der Welt, der üblicherweise als «Diesseits» bezeichnet wird.

Als letzte christliche Urkunde für diese in Polarität wirksame Einheit sei auf die Offenbarung des Johannes[38] hingewiesen. Es nimmt uns nicht wunder, daß dieses letzte Buch der Bibel wohl auch das unbekannteste ist – zumindest in der Neuzeit.

Luther war es, der ehrlich von sich bezeugte: «Mein Geist will sich in dieses Buch nicht schicken.» Denn um anders zu empfinden, bedarf es einer tieferen Spiritualität als sie seit Luther der Neuzeit zur Verfügung stand.

Johannes hat das Buch der Apokalypse in der Einsamkeit seiner Verbannung auf der Insel Patmos als reine Offenbarung empfangen und in Treue an das Geschaute und im Geiste Gehörte niedergeschrieben. Er selbst sagt mehrfach: «... und ich war im Geiste.»

Sicher nicht zufällig empfing Johannes die Offenbarung auf einer Insel des griechischen Kulturkreises, auf Patmos, und ebensowenig zufällig ist es, daß sie im Urtext in der griechischen Sprache niedergeschrieben ist.

Es mögen wohl mehr als fünfzig Jahre seit dem Kreuzestod auf Golgatha vergangen gewesen sein. Während Paulus nur von dem überwältigenden Helios-Licht-Erlebnis berichtet, gibt Johannes eine ausführliche Schilderung der Geistgestalt des Auferstandenen, den er schaut und der zu ihm spricht: «Und ich wandte mich um, den zu sehen, dessen Stimme zu mir sprach. Und als ich mich umwandte, da sah ich sieben goldene Leuchter und mitten unter den sieben Leuchtern *Einen*, der war dem Sohn des Menschen gleich. Er war bekleidet mit einem langen Gewand und um die Brust gegürtet mit einem goldenen Gürtel.

Sein Haupt aber und sein Haar waren weiß wie weiße Wolle, wie Schnee, und seine Augen flammten wie Feuer.

Und seine Füße waren wie Metall, das im Ofen glüht, und seine Stimme tönte wie mächtiges Wasserrauschen,

und *er hatte sieben Sterne in seiner rechten Hand*, und aus seinem Munde ging ein scharfes, zweischneidiges Schwert hervor – und sein Antlitz *leuchtete wie die Sonne* ὡς ὁ ἥλιος in ihrer Kraft» (Offenb. des Joh., Kap. 1,12–16).

Gleich Paulus wird Johannes von dieser Schau so überwältigt, daß er vor der Gestalt des Auferstandenen «zu seinen Füßen wie ein Toter niederfiel». Doch auch ihm wird die Kraft vermittelt, die ihn zu einem neuen Leben erweckt. Der Auferstandene «legte seine rechte Hand auf mich und sprach zu mir: Fürchte dich nicht! Ich bin der Erste und der Letzte und der Lebendige; ich war tot, und siehe, ich lebe von Äon zu Äon und besitze die Schlüssel zur Hölle und zum Tode.»

Aus der Fülle des von Johannes in seiner geistigen Vision Wahrgenommenen sei hier nur auf zweierlei aufmerksam gemacht:

«Und sein Antlitz leuchtete wie der Helios.» Wieder vermag der Seher seinen geistigen Eindruck nur mit dem Gleichnis-Wort «Helios» wiederzugeben. Aber wohlverstanden: Gleichnis im Sinne von Gleichem. Kein Zweifel, es war ein «rein inneres» Erlebnis. Aber dieses Innere entspricht dem, was im Äußeren als Helios, als Sonne wirksam ist.

Ebenso hört er das Wort vom «Leben». Christus ist *das* Leben. So wie im Evangelium Jesus Christus von sich sagt: «Ich bin die Auferstehung und das Leben»[37], so erlebt ihn der Apokalyptiker als den, der durch den Tod gegangen ist und nun zur Quelle neuen Lebens geworden ist. Stets steht im griechischen Text das gleiche Wort für Leben: ξωή. So im Prolog für alles was lebt, sowohl diesseits der Sinnesschranken wie jenseits; so im 11. Kapitel anläßlich der Auferweckung des Lazarus – und so auch in der Apokalypse.

Wohl gibt es die mannigfaltigsten Daseinsweisen dessen, was *Leben* ist. Es ist berechtigt, von altem und neuem Leben, von natürlichem und geistigem Leben zu reden. Entscheidend ist nur, ob man dieses Leben zwei getrennten Welten zuspricht, oder von dem *einen Leben*, das alles Dasein, alle Welt birgt und lenkend durchdringt, sich ergriffen weiß.

Im ersten Kapitel der Apokalypse fällt auch der bedeutsame Name für den Auferstandenen: «Pantokrator», das heißt wörtlich: «der Allmächtige», ein Attribut, das in Westeuropa in der Regel nur für den «Vater» gebraucht wird. Doch in der Kirche des Ostens, der griechisch-orthodoxen Kirche, hat sich bis heute die Vorstellung von dem Pantokrator als dem gottgleichen Sohne lebendig erhalten. In unzähligen Kirchen des Ostens ist über dem Altar in der Wölbung der Apsis sein Bild vorhanden – bis hin zu den vom Ostgeist her gestalteten berühmten Mosaiken in Ravenna.

Wie konkret diese «Allmächtigkeit» des Christus zu denken ist, wird aus der Bildaussage der Apokalypse deutlich: *«Er hält die sieben Sterne in seiner Hand.»*

Wenn ein Grieche hörte: «Ein Gott hält sieben Sterne in seiner Hand», so hieß das für ihn, daß der Gott, von dem die Rede ist, mehr ist als jeder der sieben Sternengötter: Artemis, Hermes, Aphrodite, Apollon, Ares, Zeus und Chronos, die als die Regenten von Mond, Mercur, Venus, Sonne, Mars, Jupiter und Saturn erlebt und verehrt wurden. Das eben ist das Wesen des «Allmächtigen», des Pantokrators, daß er diese sieben Götter in sich zusammenfaßt, in seiner «rechten Hand» hält.

Allgemein diesseitig gesprochen sind es die sieben geschilderten Qualitäten menschlicher Wesensart, die den Menschen von den Göttern zukommen: Mütterlichkeit (vom Mond), physische und geistige Beweglichkeit (Mercur), Anmut, Zartheit und Schönheit (Venus), lenkende Führungskraft (Sonne), Stärke und Energie (Mars), Weisheit (Jupiter) und Ernst (Saturn). Johannes erlebt in seiner Schau alle diese Seelenfähigkeiten in neuer Weise vermittelt durch den Auferstandenen. Keiner der griechischen Götter ist je durch den irdischen Menschentod gegangen. Von «Olymps Höhen» nahmen sie am Schicksal der Menschen teil und durchdrangen das naturhafte Geschehen der Erdreiche und des Menschentums. Vieles von dem Wissen um diese Zusammenhänge ist bis heute bewahrt worden in der Astrologie. Aber auch Geister wie Paracelsus und Jakob Böhme, um nur diese beiden zutiefst christlichen Denker zu nennen, anerkannten diese alte Weisheit. Sie ist ja nicht erstmalig von den Griechen entdeckt worden, sondern ihnen in der Frühzeit von den Ägyptern und Chaldäern vermittelt worden. Dann haben die Griechen sie in ihrer Weise in den Mysterien sich neu erarbeitet und in ihren eigenen Götterglauben umgeschmiedet. So ist das Wissen des Altertums als wahre Gnosis in das Urchristentum eingeflossen, von den Iro-Schotten erneuert und später wieder vor allem von Rom ausgelöscht und in der protestantisch-naturwissenschaftlichen Neuzeit vernichtet worden.

Christian Morgensterns Sonnengedichte

1913 schrieb Christian Morgenstern in sein Tagebuch: «Der Mensch hat noch immer sehr wenig Sinn für Wirklichkeit. Man erwäge nur etwa den gewöhnlichen Standpunkt der Sonne gegenüber. Heißt das Wirklichkeitsempfinden, von einem solchen Phänomen ein Leben lang nicht anders berührt zu werden, wie es gemeinhin zu geschehen pflegt? *Oder schauen nicht vielmehr die Menschen die Sonne noch gar nicht?*»

Morgenstern zielt mit diesen Fragen auf das gleiche Phänomen wie Goethe, der einst schrieb: «Einen Regenbogen, der eine Viertelstunde steht, sieht man nicht mehr an.» Denn was zur Alltäglichkeit wird, verliert seinen Seltenheitswert, und damit zugleich erlischt das Staunen und das Fragen nach dem Wesen des Besonderen. Was ist für den Menschen alltäglicher als die Sonne? Sie gehört zu den elementaren Tatsachen unserer Existenz. Daher erregt sie nur äußerst selten noch die Frage nach ihrem Grund und Wesen.

Das unterschied Morgenstern von den meisten seiner Mitmenschen: Je älter er wurde, um so dringlicher wurde in ihm die Frage nach dem Wesen des alltäglichen Lichtes, der Sonne. Schon 1908 schrieb er in sein Notizbuch: «Wer die Welt nicht von Kind auf gewohnt wäre, müßte über ihr den Verstand verlieren. Das Wunder eines einzigen Baumes würde genügen, ihn zu vernichten.» Wir fügen hinzu: Jeder Grashalm, jeder Schmetterling oder der Bau eines menschlichen Auges müßte ähnliches bewirken.

Wir meinen das Diesseits zu kennen, sehen es mit offenen Augen und nehmen doch ihre Wunderwelt nicht wahr. Wir haben uns an dasselbe gewöhnt, das Fragen ist verstummt. In dieser Hinsicht war Christian Morgenstern ein ungewöhnlicher Mensch. Sein Bedürfnis, nicht bei der bloßen Erscheinung eines Dinges oder Prozesses stehenzubleiben, sondern stets in Tiefen vorzudringen, nahm ständig zu. Beredtes Zeugnis für diese elementare Gesinnung lieferte das vier Jahre nach seinem Tode (1918) – er starb am 31. März 1914 im Alter von 43 Jahren – von seiner Frau Margareta Morgenstern veröffentlichte Tagebuch «Stufen – Eine Entwicklung in Aphorismen und Tagebuch-Notizen».

Auch sein letztes, entscheidendes Werk hat Christian Morgenstern nicht mehr als fertiges Buch in Händen gehalten: «Wir fanden einen Pfad». Wohl hatte er mit seinem Freunde Michael Bauer die Korrekturen noch auf seinem Krankenlager gelesen. Doch das Werk erschien erst einige Wochen nach seinem Tode.

In dem äußerlich kleinen Buche von kaum siebzig Seiten lebt die Quintessenz seines Suchens und Findens des Geistes in Welt, Erde und Mensch. Wer es heute zur Hand nimmt, kann in ihm ein Brevier erleben, das nicht nur anleitet, im «Buche der Natur zu lesen», sondern das auch wesentlich hilfreich zu sein vermag, den abendländischen Bruch zwischen «Naturanschauung und Christentum» organisch zu überwinden.

Das Büchlein trägt auf der ersten Seite die Widmung: «Für Dr. Rudolf Steiner». Ihm gilt auch das erste Gedicht:

So wie ein Mensch, am trüben Tag, der Sonne vergißt, –
sie aber strahlt und leuchtet unaufhörlich, –
so mag man Dein an trübem Tag vergessen,
um wiederum und immer wiederum
erschüttert, ja geblendet zu empfinden,
wie unerschöpflich fort und fort und fort
Dein Sonnengeist
uns dunklen Wandrern strahlt.

Christian Morgenstern hat Rudolf Steiner erstmalig im Januar 1909 im Berliner Architektenhaus als Vortragenden gehört und anschließend bis in den Mai desselben Jahres sechs weitere Vorträge von ihm aufgenommen.

Ein Jahr später (1910) bekennt er – der damals selbst schon Weltruf für sich erworben hatte – bescheiden mit dem Blick auf Rudolf Steiner:

Du reiner Geist,
aus dessen starken Händen
ich meinen Sinn des Lebens neu empfing –

Schon in seiner Jugend hatte Morgenstern den Reinkarnationsgedanken selbständig in sich bewegt. Jetzt als Vierzigjährigem wird ihm die «Lehre von den wiederholten Erdenleben» durch Steiner zur absoluten Gewißheit, die ihm auch das «Rätsel Mensch» in seiner Sinngebung löst.

Im «Pfad»[39] gibt er dieser ihn befreienden Lösung mit den Versen Ausdruck:

Die in Liebe dir verbunden,
werden immer um dich bleiben,
werden klein und große Runden
treugesellt mit dir beschreiben.

Und sie werden an dir bauen,
unverwandt, wie du an ihnen, –
und, erwacht zu Einem Schauen,
werdet ihr, wetteifernd, dienen!

Wer aus der tiefen Verehrung, die Morgenstern Rudolf Steiner gegenüber hegte und auch zum Ausdruck brachte, glaubt, blindes Verfallensein eines Schülers an seinen Lehrer ableiten zu müssen, irrt völlig. Morgenstern blieb zeit seines Lebens, was er von Natur und Selbsterziehung war: ein absolut freier, unbestechlicher Mensch: Sein überlegener, geistreicher *Humor*, der in den «Galgenliedern», in dem Zyklus «In Phanta's Schloß», im «Gingganz», dem «Aufgeklärten Mondschaf» sich zum Ausdruck brachte, verbunden mit dem tiefen *Ernst*, aus dem die Werke wie «Einkehr», «Ich und Du», «Mensch Wanderer» geschaffen wurden, ließen ihn auch Rudolf Steiner gegenüber in uneingeschränkter Selbständigkeit begegnen. Das hinderte ihn nicht, denselben als einen überragenden Geist zu verehren, dem er entscheidende Einsichten verdankte. Insbesondere legt das Büchlein «Wir fanden einen Pfad» von dieser echten Dankbarkeit lebendiges Zeugnis ab.

Unter allen geistigen Themen nimmt im «Pfad» die Frage nach dem Wesen der Sonne eine Schlüsselstellung ein. Insbesondere ist es der Zusammenhang von Christus und der Sonne, im frühen Mittelalter das eigentliche Anliegen der Iro-Schotten, welches in der Seele Morgensterns den ersten Rang einnimmt. Er ließ es nicht dabei bewenden, Antworten für sich gefunden zu haben, sondern fühlte sich aufgerufen, die gewonnenen Einsichten in seiner Weise in «Gedichten» auszusprechen, die in ihrer Art und Tiefe kaum etwas Vergleichbares in der Weltliteratur finden lassen.

Zwei[40] dieser zentralen Aussagen des Gottsuchers Morgenstern seien hier wiedergegeben:

Licht ist Liebe

Licht ist Liebe ... Sonnen-Weben
Liebes-Strahlung einer Welt
schöpferischer Wesenheiten

die durch unerhörte Zeiten
uns an ihrem Herzen hält,
und die uns zuletzt gegeben

ihren höchsten Geist in eines
Menschen Hülle während dreier
Jahre: da Er kam in Seines

Vaters Erbteil – nun der Erde
innerlichstes Himmelsfeuer:
daß auch sie einst Sonne werde.

Faß es, was sich dir enthüllt!
Ahne dich hinan zur Sonne!
Ahne, welche Schöpfer-Wonne
jedes Wesen dort erfüllt!

Klimm empor dann dieser Geister
Stufen bis zur höchsten Schar!
Und dann endlich nimm Ihn wahr:
Aller dieser Geister Meister!

Und dann komm mit Ihm herab!
Unter Menschen und Dämonen
komm mit Ihm den Leib bewohnen,
den ein Mensch Ihm fromm ergab.

Faßt ein Herz des Opfers Größe?
Mißt ein Geist dies Opfer ganz? –
Wie ein Gott des Himmels Glanz
tauscht um Menschennot und -blöße?

Während Christian Morgenstern u. a. durch seine «Galgenlieder» – wenn sie auch vielleicht mit leichtem Befremden aufgenommen wurden – als literarischer Faktor im deutschen Kulturleben anerkannt wurde, nahmen die Theologen des 20. Jahrhunderts die für die christliche Theologie bedeutsamen Aussagen Morgensterns durch diese «Gedichte» nicht auf – ja es kam nicht einmal zu einer ernsthaften Diskussion.

Versuchen wir den überaus gewichtigen Inhalt in die Sprache der Prosa zu übertragen, so verlangt Morgenstern vom Leser, daß er sich mit Hilfe seiner Ahnungskräfte in das Innere der Sonne zu versetzen sucht, um dort den Geist der Sonne wahrzunehmen, den führenden Geist aller Geister in unserem Planetensystem.

Morgenstern nimmt den Vergleich ernst: Was das leibliche Herz für einen Menschen bedeutet, das ist die Sonne für das Weltall: Zentrum und Lenkungsstätte aller Prozesse in der uns zugänglichen Welt. Sie ist das Herz unseres Planetensystems. So wie das «Ich» des Menschen die Herzprozesse seines Leibes lenkt und leitet, war Christus das «Ich» der Sonne. Wirksam durch die Sonne war er der Führer aller dort wirksamen Geister. Als «aller dieser Geister Meister» in Urzeiten – vor «unerhörten Zeiten» hat er die Welt von der Sonne aus gelenkt und geleitet.

Doch als die Menschen den ihnen zugewiesenen Schauplatz Erde durch «Sünde und Schuld» zunehmend geistig verdunkelten und durch Ausbeutung und Mißbrauch kränkten, beschloß das höchste Sonnenwesen, der Christus-Geist, den Schauplatz seines Wirkens zu verlassen und fortab das Schicksal der Erdenmenschheit zu teilen. Dieses war ein freier Entschluß, gefaßt aus Liebe – christlich gesprochen: aus Erbarmen – zum «gefallenen» Menschen, der in Gefahr war, hoffnungslos in einen Abgrund zu versinken.

Morgenstern sieht in diesem Entschluß, der zur Tat wurde, ein grenzenloses Opfer, indem ein göttliches Wesen die Sonne verläßt und sich mit der schuldbeladenen Erde verbindet, um diese wieder in ein sonnenähnliches Gebilde zu verwandeln – «auf daß auch sie einst Sonne werde».

Wir müssen uns hier mit diesen kurzen Hinweisen begnügen. Vielleicht ahnt der Leser, welche gewaltigen Perspektiven sich eröffnen, wenn die hier angedeutete Christologie von den Theologen der Zukunft gründlich erarbeitet und durchdacht wird.

Die Zukunft von Erde und Mensch

So gegensätzlich die Naturwissenschaftler und Theologen in der Regel über die Entstehung von Welt, Erde und Mensch zu denken pflegen, so sind sie sich vorläufig einig in der Beantwortung der Frage nach dem Ende alles Gewordenen. Für beide steht am Ende *der Tod*.

Ob die Naturforscher vom allgemeinen Wärme- oder Kältetod sprechen oder die Theologen den Satz aus dem Neuen Testament zitieren: «Himmel und Erde werden vergehen» – so nach Matthäus 24,34; nach Markus 13,31; Lukas 31,33 –, die Endvorstellung ist die gleiche: Alles was entstanden ist, wird auch wieder zugrunde gehen. Doch nach dieser vorläufigen Antwort trennen sich wieder die Wege der modernen Naturforscher und der christlichen Theologen, jedenfalls soweit die letzteren sich weiterhin an das «Neue Testament» halten. Denn ein selbstkritischer Naturwissenschaftler wird es als einen unzulässigen Grenzüberschritt ansehen, Aussagen über Daseinsweisen nach dem Tode der diesseitig-wahrnehmbaren Welt zu machen. Theologen aber müssen geltend machen, daß im Evangelium stets von einer zukünftigen Welt die Rede ist, auf welche sowohl von Jesus Christus selbst hingewiesen wird: «Meine Worte aber werden nicht vergehen», wie sie auch von dem Apokalyptiker als der «Neue Himmel und die Neue Erde» beschrieben wird. Doch hat das allgemeine Zeitbewußtsein sich heute von dieser christlichen Blickrichtung getrennt. So wie über das Leben nach dem

Tode des Menschen die Auffassung – es gibt Ausnahmen – gilt: «Darüber weiß niemand etwas eindeutig Genaues», so beherrscht dieser Agnostizismus erst recht die allgemeine Meinung über das, was nach dem Tode von Welt und Erde eintritt. Selbst die Spiritisten bleiben hier die Antwort schuldig.

Auf einem mit dem Sterben der Erde verbundenen Felde hat sich in den letzten Jahrzehnten allerdings ein wirklicher Bewußtseinswandel vollzogen. Hat man im 19. Jahrhundert und in der ersten Hälfte des 20. Jahrhunderts im Rausche des Fortschrittsglaubens gelebt und sich über die Folgen menschlichen Handelns so gut wie keine Gedanken gemacht, so ist auf diesem Gebiet etwa seit Mitte unseres Jahrhunderts das Bewußtsein der Verantwortlichkeit des Menschen für die Erde erwacht.[41]

Einer der ersten, der den Abgrund voraussagte, auf den die Menschheit durch den Verbrauch und den Mißbrauch der Naturreiche der Erde zusteuert, war Ludwig Klages (1872–1956). In der Einleitung seines Büchleins «Mensch und Erde» erhebt er seine warnende Stimme: «Die ‹Zivilisation› trägt die *Züge entfesselter Mordsucht*, und die Fülle der Erde verdorrt vor ihrem giftigen Anhauch.» Klages selbst betont, daß sich ihm dieser Satz bereits 1912 aufzwang.

Klages nennt als Kronzeugen für diesen tiefen Pessimismus den Romantiker Joseph von Eichendorff (1788–1857), aus dessen Roman «Ahnung und Gegenwart» er zitiert: «*Denn aus dem Zauberreiche unserer Bildung wird sich ein Kriegsgespenst gestalten, geharnischt, mit bleichem Totengesicht und blutigen Haaren;* wessen Auge in der Einsamkeit geübt, der sieht schon jetzt in den wunderbaren Verschlingungen des Dampfes die Lineamente dazu aufringen und sich leise formieren. Verloren ist, wen die Zeit unvorbereitet und unbewaffnet trifft ... Denn aus ihren Fugen wird sie (die Erde) noch einmal kommen, ein unerhörter Kampf zwischen Altem und Neuem beginnen, die Leidenschaften, die jetzt verkappt schleichen, werden die Larven wegwerfen, und flammender Wahnsinn sich in die Verwirrung stürzen, als wäre die Hölle losgelassen, Recht und Unrecht, beide Parteien, in blinder Wut einander verwechseln ...»

Man schrieb 1913, als Ludwig Klages diese dunkle Zukunftsschau von dem «Romantiker» Eichendorff in die Erinnerung rief. Ein Jahr später brach der Erste Weltkrieg aus!

Klages war nur elf Jahre jünger als Rudolf Steiner (1861–1925). Seltsamerweise scheinen die beiden Männer sich nie begegnet zu sein. Das mag äußere Gründe gehabt haben, in der Wirklichkeit wird es aber darauf beruhen, daß beide als entgegengesetzte Pole im geistigen Leben Mitteleuropas wirkten. Klages war von Stefan George ausgegangen und lebte zeit seines Lebens in dessen ästhetischer Atmosphäre. Kultur der Seele, Pflege des Seins und Sinnbildung für ihre Ausdrucksmittel – so besonders in der Handschrift – das waren seine Ziele. Durch Klages wurde die «Graphologie» in den Rang einer – wir möchten sagen – Pseudowissenschaft erhoben. Die Geistigkeit von Klages ist zusammengefaßt in seiner Aussage: «Der Geist als Widersacher der Seele». Sucht man zu verstehen, was Klages damit zum Ausdruck bringen wollte, stößt man auf die Tatsache, daß Klages im «Geiste» den abstrakten Intellekt und in der «Seele» substantielle Innerlichkeit sah. So muß ihm, dem Stefan-George-Schüler, der Geist als «Widersacher der Seele», als lähmende Kraft im Innern des Menschen erscheinen.

Völlig anders dachte Rudolf Steiner. Auch er sah im Seelenvermögen des einzelnen Menschen die seinen subjektiven Wert bedingende Kraft – die aber ohne echte Geistentwicklung auf die Dauer unfruchtbar bleiben muß. Darum setzte er sein geistiges Vermögen ein, um die sterile Kraft des Intellekts in Geisterkenntnis zu verwandeln. Auch er sprach von dem drohenden Abgrund für die Zivilisation der Menschheit. Aber sein ganzes Bemühen galt der Überwindung dieser schweren Gefahren, welche die Menschheit sich selbst bereitet hat. Ausgehend von Goethe, entwickelte er seine Menschenkunde (Anthroposophie) nicht als theoretisches Lehrgebäude, sondern als wissenschaftliche Methode, die imstande ist, die Gebiete von Lehre und Praxis gleichermaßen zu befruchten. So entstanden durch seine Anregungen die Waldorfschulen, die heilpädagogischen Institute, medizinische Einrichtungen aller Art, neue Künste wie die Eurythmie und Sprachgestaltung, die biologisch-dynamische Landwirtschaft u. a. Auch die Entstehung der selbständigen «Bewegung für religiöse Erneuerung», der Christengemeinschaft, wäre ohne seine beratende Hilfe nicht denkbar gewesen.

Beide, Klages wie Steiner, sahen den drohenden Abgrund. Doch der unvergleichlich stärkere Einfluß auf eine positive Weiterentwicklung der Kultur, so daß der Pessimismus nicht das letzte Wort zu haben braucht, ging von Rudolf Steiner aus. Klages blieb letzten Endes im Schöngeistigen eine Stufe über dem Erdgeschehen, Steiners Geistigkeit ging von der Erde im Sinne Goethes aus und suchte dem Leben im Diesseits allüberall geistige Ziele zu zeigen.

Auch der zweite Krieg der «zivilisierten Menschheit» mußte bis zu seinem bitteren Ende durchgekämpft werden, ehe die drohenden Gefahren für Erde und Menschheit neu erkannt wurden. Erst waren es einzelne, dann zunehmend ein Chor von Warnern, die auf die tief schädigenden Wirkungen der Zivilisation für das Leben der Erde hinwiesen. Es entstand die Bewegung zur Bekämpfung der angerichteten «Umweltschäden», die heute unüberhörbar sich geltend macht.

Soll diese an sich voll zu bejahende Bewegung wirklich zum Heile von Mensch und Erde wirksam werden, bedarf es sowohl eines ungewöhnlich energischen Willens wie detaillierter Kenntnis der kausalen Zusammenhänge. Mit bloßer Symptom-Bekämpfung ist nicht viel gewonnen! Handelt es sich doch um Tiefenschädigung von großem Ausmaß!

Wir können hier nur die wichtigsten Schäden nennen, die dringend der Heilung bedürfen:

1. Die Vergiftung des *Erdbodens* mit schweren Schäden für die menschliche Ernährung.

2. Die Verseuchung aller *Gewässer* und ihre Folgen für das Leben von Pflanze, Tier und Mensch.

3. Die Verpestung der *Luft* durch Abgase von Industrie und Technik und ihre Folgen für alle Organismen.

4. Der Eingriff in die Wetterverhältnisse und damit zugleich in den Wärmehaushalt der Erde durch technische Maßnahmen wie Abholzung, Fluß- und Seenregulierungen – aber auch durch Verwandlung von Naturlandschaften in Großstädte und Industriegebiete.

In den vier genannten Umweltschädenbereichen, die an manchen Orten bereits den Grad einer Katastrophe erlangten, gilt es, sorgfältig das absolut Notwendige von dem, wenn auch mit großer Anstrengung, Vermeidbaren zu unterscheiden.

Dabei gilt es zu beachten, daß der menschliche Egoismus zwar helfen kann, auf Schäden aufmerksam zu werden, aber auf die Dauer kein guter alleiniger Berater ist. Es ist verständlich, daß der einzelne und auch die Gesellschaft zunächst revoltiert, wenn sie sich vergiftet fühlen oder zum Beispiel die Erkrankung der Lungen auf Abgase zurückgeführt werden muß. Aber damit ist das Grundübel noch nicht erfaßt.

Dieses beruht auf Tatsachen, die uns den Grundgedanken dieses Buches wohl erhellen:

1. Die Erde mit allen Meeren und Gewässern und allen Lebewesen, die sie bewohnen, bildet als Ganzes einen einzigen lebendigen Organismus. Umweltschäden sind oft schwer zu erfassen, weil die örtlichen Ursachen keineswegs stets nur im eigenen Umkreis wirksam sind, sondern im Ganzen des Organismus Krankheiten bewirken.

2. Der Mensch ist auf Gedeih und Verderb diesem Organismus eingegliedert. Jeder Atemzug, jeder Trank, jede Nahrungsaufnahme verändert, wenn auch zunächst kaum merklich, den Gesamthaushalt der Erde. Dieser wird durch die technischen Handlungen der Menschheit, durch Stadt- und Straßenbau,

durch Wasserregulierungen u. a. angegriffen. Nur wenn der Mensch sich seiner organischen Gliedschaft der Erde bewußt ist, vermag er nicht nur zu kränken, sondern auch zu heilen.

3. Der alttestamentliche Auftrag der Gottheit an die Ur-Menschen: «Füllet die Erde und machet sie euch untertan» war kein Freibrief für Willkür, sondern die Übertragung der Verantwortung der Menschheit für alle Naturreiche der Erde. So wie das einzelne «Ich» verantwortlich ist für das ihm zugeteilte Leben von Leib, Seele und Geist, ist die Menschheit verantwortlich für das Leben der gesamten Erde, für deren Leib, Seele und Geist.

Wer diese drei Tatsachenbereiche ernst nimmt, erlebt das Verhältnis des Menschen zu seiner Umwelt mit zunehmender Gewissensschärfe und wird auch bereit sein, um der Gesundheit der Erde willen Opfer und Verzichte im eigenen Leben auf sich zu nehmen. Darum mußten wir sagen: «Der Egoismus ist ein schlechter Berater.» Er läßt primär nur auf die Rückschläge der Umweltschäden auf sich selbst blicken und übersieht zu leicht das umfassende Phänomen der seiner Verantwortung und Fürsorge anvertrauten Erde als eines umfassenden Lebewesens.

Zusammengefaßt lautet das Resultat dieser Überlegungen: Das Schicksal der Erde mit allem, was zu ihr gehört, ist in die Hand des Menschen gelegt. Letzten Endes ist sie auf Gedeih und Verderb von seinen Taten abhängig. Er vermag zu schaden, ja zu zerstören – aber auch ebenso zu heilen und zu gesunden. In diesem Sinne ist heute der Mensch in der Lage eines Arztes, der auf Grund der Diagnose «Umweltschäden» sich aufgerufen fühlen muß, alles, was in seinen Kräften steht, zu tun, um Heilung zu bewirken. Einem wahren Arzt wird es nie einfallen, einen Kranken seiner Krankheit und dem Tode zu überlassen, selbst wenn er wirkliche Heilung als unmöglich ansieht. Er wird für Gesundung kämpfen, so lange der Patient lebt. So darf die Menschheit die Erde nicht in Vergiftung, Verseuchung und Verpestung sterben lassen, selbst wenn absolute Gesundung nicht mehr bewirkt werden kann. Hinzu kommt, daß der Mensch sich selbst als der Kränkende mit unheilvoller Schuld beladen hat.

Alle menschlichen Handlungen nehmen vom Inneren des Menschen ihren Ausgang. Zuerst ist der Gedanke verbunden mit Gefühlen, dann kommt es zu Taten, zur Ausführung durch die Handlungen. Weil dem so ist, muß die Umkehr von dem naiv und egoistisch Schaden erzeugenden zum Umweltschäden heilenden Menschen im Felde der Gedanken ihren Ausgang nehmen. Löst man die Umweltschädenbekämpfung von der Erkenntnis ab, daß *die Erde ein eigenes, lebendes Wesen* ist, dessen Zukunft unlösbar mit dem Schicksal der Menschheit verbunden ist, wird es zu keiner Gesundung der Erde führen können. Sowenig wie der einzelne Mensch ohne seine Erdenumwelt existenzfähig ist, sondern sie als einen erweiterten Teil seines Wesens betrachten muß, sowenig ist auch die Realität der Erde ohne Menschengeschlecht denkbar: Sie gehören zusammen wie die Glieder eines Wesens, ihr Zukunftsschicksal läßt sich nicht voneinander trennen. Die «neue Erde» der Apokalypse ist ohne den «neuen Menschen» nicht denkbar. Dieser aber entsteht nicht erst nach seinem Tode, sondern wird hier und jetzt durch alles, was er vollbringt, leiblich, seelisch und geistig vorgebildet.

So wie eine neue einjährige Pflanze nur dann entsteht, wenn zuvor eine ihrem Ende entgegengehende alte Pflanze den Samen gebildet hat, so ist auch die Zukunft von Erde und Mensch die Frucht der in der bislang gewordenen Erde vorgebildeten, veranlagten alten Erdenmenschheit.

Menschheit und Erde gehen einen gemeinsamen Weg. Wie beim einzelnen Menschen steht auch hier am Ende des Weges der Tod. Ob damit ein endgültiges Ende, ein absolutes Nichts eintritt, oder ob man berechtigt sein wird, von einer «Pforte des Todes» zu neuem Leben zu sprechen, auch das wird von der Menschheit hier und jetzt entschieden. Gelingt es nicht *im Diesseits* Jenseitswerte zu erzeugen, kann auch nicht ein neues Leben jenseits der Pforte anheben. *Nur dann ist es sinnvoll, von einer*

Ewigkeit von Menschheit und Erde zu sprechen, wenn diese Ewigkeitsmächte bereits hier und jetzt begonnen haben zu wirken. Das ist der Sinn des christlichen Glaubens jenseits aller Konfessionen.

Anmerkungen

1 Auf die nachfolgend genannten Werke sei verwiesen:
Max Planck: Sinn und Grenzen der exakten Wissenschaft. München 1971. Albert Einstein: Mein Weltbild. Erstdruck 1934 in Amsterdam. Otto Hahn: Mein Leben. Mensch und Wissenschaftler unserer Zeit. München 1968. Max Born: Mein Leben. Von der Verantwortung des Naturwissenschaftlers. München 1965. Max Born: Die Erinnerungen des Nobelpreisträgers. München 1975. Werner Heisenberg: Der Teil und das Ganze. Gespräche im Umkreis der Atomphysik. München 1969. Werner Heisenberg: Schritte über Grenzen. München 1971. Carl Friedrich von Weizsäcker: Zum Weltbild der Physik. Stuttgart 1943. Walter Heitler: Der Mensch und die naturwissenschaftliche Erkenntnis. Studienausgabe, Braunschweig 1978.

2 Vom Verfasser dieses Buches erschien 1975 im Rowohlt-Verlag das Buch «Jenseits. Ideen der Menschheit über das Leben nach dem Tode vom Ägyptischen Totenbuch bis zur Anthroposophie Rudolf Steiners». In Zukunft empfiehlt es sich, wenn beide Werke noch unbekannt sind, sie in der Reihenfolge: erst das «Diesseits» und dann das «Jenseits» zu lesen. Es ist zu hoffen, daß dann beide Bücher als ein Ganzes erlebt werden.

3 An dieser Stelle sei auf das 1978 im Urachhaus-Verlag, Stuttgart, erschienene Buch des Verfassers verwiesen: «Das haben wir nicht gewollt – Sinn und Tragik der Naturwissenschaft». In diesem Werke finden sich manche Ergänzungen zu dem im «Diesseits» Ausgeführten, das hier nur kurz angedeutet werden konnte.

4 Friedrich Rittelmeyer ist am 5. Oktober 1872 zu Dillingen im bayerischen Schwaben geboren und am 23. März 1938 in Hamburg gestorben. Von 1895 bis 1902 wirkte er als Stadtvikar in Würzburg, von 1903 bis 1916 als Pfarrer in Nürnberg. In enger Verbindung mit seinem Freunde Dr. Christian Geyer, Hauptprediger von St. Sebald, entstanden hier die damals in fast jeder protestantischen Pfarrer-Bibliothek vorhandenen und viel benutzten Predigtbände «Gott und die Seele» und «Leben aus Gott». Durch den Nürnberger Lehrer Michael Bauer fand Friedrich Rittelmeyer den Weg zu Rudolf

Steiner und wurde dessen Schüler. 1916 erhielt er den Ruf an die «Neue Kirche» in Berlin. Dort wurde er bald der seinerzeit wohl wirksamste Prediger der evangelischen Kirche. In engem Kontakt mit Friedrich Naumann, Ernst Troeltsch, Adolf von Harnack, Werner Sombart, Max Scheler und auch dem schwedischen Erzbischof Nathan Söderblom erstreckte sich Rittelmeyers Wirksamkeit weit über Berlin hinaus.
Im September 1922 verließ er die evangelische Kirche und begründete mit über vierzig Freunden «Die Christengemeinschaft, Bewegung für religiöse Erneuerung».

5 Siehe: Goethes naturwissenschaftliche Schriften, herausgegeben von Rudolf Steiner durch die Union Deutsche Verlagsgesellschaft, eingeleitet durch Karl Julius Schröer 1883. Erster Band, S. 217ff: «Über die Spiraltendenz der Vegetation».

6 Beide Bücher von Hermann Beckh erschienen in Stuttgart. Siehe auch als Ergänzung zu dem folgenden Text: Friedrich Christoph Oetinger: Das Geheimnis von dem Salz, herausgegeben und eingeleitet von Dr. H. Wohlbold, München 1924. Ferner Basilius Valentinus: Chymische Schriften. Zwei Bände. Neudruck Hildesheim 1976.

7 Aus: «Des Angelus Silesius ‹Cherubinischer Wandersmann›», eingeleitet von Wilhelm Bölsche. Jena 1923.

8 Vgl. Rudolf Steiner: Theosophie. Einführung in übersinnliche Welterkenntnis und Menschenbestimmung. Siehe das Kapitel: Das Wesen des Menschen, S. 8–45. 22. Auflage, Stuttgart 1927.

9 Vgl. Anmerkung 5: Goethes naturwissenschaftliche Schriften. Erster Band, S. XXVIII.

10 Über goetheanistische Pflanzenkunde sind u. a. zu empfehlen: Gerbert Grohmann: Die Pflanze. Ein Weg zum Verständnis ihres Wesens. Zwei Bände. Freiburg 1948. Stuttgart 1951. Wilhelm Pelikan: Heilpflanzenkunde. Drei Bände. Dornach 1958, 1962, 1978. Rudolf Rißmann: Evolution der Pflanze. Stuttgart 1969.

11 Vgl. Anmerkung 5, Goethes naturwissenschaftliche Schriften, Erster Band, Seite 97.

12 Spruch von Rudolf Steiner aus einem Vortrag über Mysteriengestaltung, Dornach 1924, abgedruckt in: Rudolf Steiner «Wahrspruchworte – Richtspruchworte», Dornach 1935.

13 Gerbert Grohmann: Die Pflanze, II. Band. Lippenblütler, S. 99ff.

14 Gustav Hegi: Illustrierte Flora von Mitteleuropa, V. Band, 4. Teil, 116. Familie, Solanaceen, Nachtschattengewächse, ab S. 2548 – s. im besonderen über die Tollkirsche S. 2569 und über das Bilsenkraut ab S. 2573.

15 Rudolf Steiner: Geisteswissenschaftliche Grundlagen zum Gedeihen der Landwirtschaft. Acht Vorträge und eine Ansprache, gehalten in Koberwitz b. Breslau 7.–16. Juni 1924. Dornach 1963.

16 Vgl. Anmerkung 5, Goethes naturwissenschaftliche Schriften, Erster Band, Seite 344–46.
17 Johannes Hemleben: Charles Darwin. Rowohlt Bildmonographie Nr. 137. Reinbek bei Hamburg 1968. Hermann Poppelbaum: Tierwesenskunde. Dresden 1937.
18 Adolf Portmann: Biologie und Geist. Zürich 1956; Neue Wege der Biologie. München 1965; Wir sind unterwegs. Der Mensch in seiner Umwelt. Olten 1971.
19 Gotthold Ephraim Lessing (1729–1781): Die Erziehung des Menschengeschlechtes – in hundert Paragraphen. S. besonders §§ 92–100. In Lessings Gesammelten Werken. Neunter Band. Leipzig 1856.
20 Rudolf Steiner: Reinkarnation und Karma, vom Standpunkte der modernen Naturwissenschaft notwendige Vorstellungen. Berlin 1912.
21 B. de Rudder: Über sogenannte «kosmische» Rhythmen beim Menschen. 4. Aufl. Stuttgart 1948.
22 Rudolf Steiner: Das Verhältnis der verschiedenen naturwissenschaftlichen Gebiete zur Astronomie. 18 Vorträge, gehalten vom 1.–18. Januar 1921. Dornach 1926.
23 Lily Kolisko hat siebzehn Arbeiten über den Zusammenhang von Erde und Kosmos, zumeist unter dem Motto «Sternenwirken in Erdenstoffen», veröffentlicht als Mitteilungen des Biologischen Instituts am Goetheanum. Siehe besonders: «Das Silber und der Mond» und «Die Landwirtschaft der Zukunft», Stuttgart 1929 bzw. 1957.
24 M. Thun und H. Heinze: Anbauversuche über Zusammenhänge zwischen Mondstellungen im Tierkreis und Kulturpflanzen. Bd. 1 u. 2, Darmstadt 1973.
25 Frank A. Brown: The Rhythmic Nature of Animals and Plants. In: American Scientist. Bd. 47, Juni 1959.
26 A. Nippoldt: Erdmagnetismus, Erdstrom und Polarlicht. Sammlung Göschen. Bd. 175. Berlin–Leipzig 1937.
27 Der Lobgesang auf die Göttin Artemis ist ebenso wie die im folgenden jeweils im Anschluß an den entsprechenden Planeten abgedruckten Gesänge dem Buche «Orpheus. Altgriechische Mysteriengesänge» entnommen. Sie wurden übertragen und erläutert von J. O. Plassmann, Jena 1926.
28 S. Anmerkung 5. In der dort genannten Ausgabe ist Goethes Farbenlehre in den Bänden 3 und 4, Erster und Zweiter Teil, vollständig enthalten.
29 Georg Blattmann: Die Sonne – Gestirn und Gottheit. Stuttgart 1972.
30 In der «Apostelgeschichte des Lukas», Kap., 17, Vers 22ff.
31 Johannes Kepler: Die Zusammenklänge der Welten. Herausgegeben und übersetzt von Otto J. Bryk. Jena 1918.
32 Die drei erst in der Neuzeit mit Hilfe des Teleskops entdeckten Planeten Uranus (1781), Neptun (1846) und Pluto (1930) bleiben in diesem Buche un-

berücksichtigt, da sie der antiken Sternenkunde nicht zugänglich waren und von ihnen keine entsprechenden Göttermythen gebildet worden sind.

33 Vgl. Anmerkung 27.

34 Siehe Georg Kühlewind: Das Gewahrwerden des Logos. Die Wissenschaft des Evangelisten Johannes. Stuttgart 1979.

35 Siehe Matthäus, Kap. 17, Vers 1–9.

36 Evangelium des Johannes, Kap. 8, Vers 12.

37 Evangelium des Johannes, Kap. 11, Vers 25.

38 Rudolf Meyer: Die Wiedergewinnung des Johannesevangeliums. Stuttgart 1962. Johannes Hemleben: Johannes der Evangelist. Rowohlt Bildmonographie Nr. 194. Reinbek bei Hamburg 1978.

39 Christian Morgenstern: Wir fanden einen Pfad. Neue Gedichte. S. 19. München 1922.

40 Desgl. S. 58 und S. 59.

41 Als Ergänzung zu dem Schlußkapitel können dienen: Johannes Hemleben: Biologie und Christentum. Stuttgart 1971; Urbeginn und Ziel – der gemeinsame Weg von Erde und Mensch. Stuttgart 1976; Der Mensch und sein Erdenschicksal. Stuttgart 1974.

Zeugnisse
über das Jenseits
im Diesseits

Evangelium des Johannes I, 1–18

Im Urbeginne war das Wort, und das Wort war bei Gott, und ein Gott war das Wort. Dieses war im Urbeginne bei Gott. Alles ist durch dasselbe geworden, und außer durch dieses ist nichts von dem Entstandenen geworden. In diesem war das Leben, und das Leben war das Licht der Menschen, und das Licht schien in die Finsternis, aber die Finsternis hat es nicht begriffen.

Es ward ein Mensch: gesandt war er von Gott, mit seinem Namen Johannes. Dieser kam zum Zeugnis, auf daß er Zeugnis ablege von dem Lichte, und daß durch ihn alle glauben sollten. Er war nicht das Licht, sondern ein Zeuge des Lichts.

Denn das wahre Licht, das alle Menschen erleuchtet, sollte in die Welt kommen. Es war in der Welt, und die Welt ist durch es geworden, aber die Welt hat es nicht erkannt. Bis zu den Ich-Menschen kam es, aber die Ich-Menschen nahmen es nicht auf. Die es aber aufnahmen, die konnten sich durch es als Gottes Kinder offenbaren. Die seinem Namen vertrauten, sind nicht aus Blut, nicht aus dem Willen des Fleisches, und nicht aus menschlichem Willen, sondern aus Gott geworden.

Und das Wort ist Fleisch geworden und hat unter uns gewohnet, und wir haben seine Lehre gehöret, die Lehre von dem einzigen Sohn des Vaters, erfüllt von Hingabe und Wahrheit.

Johannes legt Zeugnis für ihn ab und verkündet deutlich: Dieser war es, von dem ich sagte: Nach mir wird derjenige kommen, der vor mir gewesen ist. Denn er ist mein Vorgänger.

Und aus dessen Fülle haben wir alle genommen Gnade um Gnade. Denn das Gesetz ist durch Moses gegeben, die Gnade und die Wahrheit aber ist durch Jesus Christus entstanden. Gott hat niemand bisher mit Augen geschaut. Der eingeborene Sohn, welcher im Innern des Weltenvaters war, er ist der Führer in diesem Schauen geworden.

Das Wessobrunner Gebet

Anfang 9. Jh.

Das erfuhr ich unter den Menschen als der Wunder größtes,
Daß die Erde nicht war, noch darüber der Himmel,
Noch Baum noch Berg war,
Noch die Sonne schien,
Noch der Mond leuchtete, noch das herrliche Meer.
Als da nichts war von Enden und Wenden,
Und da war der eine allmächtige Gott,
Der Männer mildester, und da waren auch bei ihm manche
Gute Geister. Und heiliger Gott,
Allmächtiger Gott, du wirkest Himmel und Erde und gabst den Menschen so manches Gut, gib mir in deiner Gnade rechten Glauben und guten Willen, Weisheit und Wachsamkeit und Kraft, Teufeln zu widerstehen und Arges zu vermeiden und deinen Willen zu wirken.

Sonnengesang des Franziskus von Assisi
(1182–1226)

Höchster allmächtiger und gütiger Herr!
Dein sei Preis, Herrlichkeit, Ehre und jeglicher Segen.
Dir allein gebühren sie. Kein Mensch ist wert, Dich zu nennen.

Gepriesen sei Gott der Herr und alle Geschöpfe.
Vor allem unser edler Bruder, die Sonne,
die den Tag bewirkt und uns leuchtet mit ihrem Lichte.
Sie ist schön und strahlend in ihrem großen Glanze,
von Dir, o Herr, ist sie das Sinnbild.

Gepriesen sei Gott, der Herr, um unsrer Schwester willen, des Mondes,
und auch um aller Sterne willen, die er am Himmel gestaltet hat
und erscheinen läßt in Schönheit und Helle.

Gepriesen sei Gott, der Herr, um unsrer Brüder willen,
um des Windes, der Luft und der Wolken willen,
um der heiteren und aller Zeiten willen,
durch die er alle Geschöpfe erhalten will.

Gepriesen sei Gott, der Herr, um unsrer Schwester willen, des Wassers,
das so nützlich ist und demütig und auch köstlich und keusch.

Gepriesen sei Gott, der Herr, selig sind, die im Frieden verharren,
Denn von Dir, Allerhöchster, werden sie gekrönt.

Preis sei Dir durch unsern Bruder, den leiblichen Tod,
Dem kein lebender Mensch kann entrinnen.
Weh denen, die in Todsünden sterben.
Selig die, die in Deinem heiligen Willen ruhend Frieden finden.
Denn der zweite Tod wird ihnen kein Leides tun.

Lobet und preiset den Herrn und dankt ihm.

Dienet ihm mit großer Demut.
Um unseres Bruders willen, des Feuers,
durch das er uns die Nacht erhellt
und das so schön und fröhlich und so stark und mächtig ist.

Gepriesen sei Gott, der Herr, um unsrer Mutter willen, der Erde,
durch die wir Nahrung erhalten und vielerlei Frucht auch,
und aller Blumen und Kräuter Farbenfülle.

Preis sei Dir durch die, die verzeihen aus Liebe zu Dir,
und Schwachheit ertragen und Anfechtung.

Martin Luther

(1483–1546)

Über die Gottesmutter Maria.

Sie trägt von Gold so rein ein Kron,
Da leuchten inn zwölf Sterne.
Ihr Kleid ist wie die Sonne schon,
Das glänzet hell und ferne.

Giordano Bruno

(1548–1600)

Aus: «Della causa, principio et uno»

«Ursach' und Grund und Du, das ewige Eine,
Dem Leben, Sein, Bewegung rings entfließt.
Das sich in Höh' und Breit' und Tief' ergießt,
Daß Himmel, Erd und Unterwelt erscheine!

Mit Sinn, Vernunft und Geist erschau' ich deine
Unendlichkeit, die keine Zahl ermißt,
Wo überall Mitte, nirgends Umfang ist,
In deinem Wesen weset auch das meine.

Ob blinder Wahn sich mit der Not der Zeit,
Gemeine Wut mit Herzenshärtigkeit,
Ruchloser Sinn mit schmutz'gem Neid vereinet:

– Sie schaffen's nicht, daß sich die Luft verdunkelt,
Weil doch trotz ihrer unverschleiert funkelt
Mein Aug', und meine schöne Sonne scheinet!»

Angelus Silesius

(1624–1677)

«Die Sonn' erregt das All, macht alle Sterne tanzen –
Wirst du nicht auch bewegt, gehörst du nicht zum Ganzen.»

Matthias Claudius

(1740–1815)

Und die Sonne – schaut dies Wunder an!
Wie ein Held läuft sie ihren Weg behende,
Und frohlocket, daß sie ohne Ende
Wohltun und erfreuen kann;
Segnet alles Wesen durch ihr Licht,
Segnet und ermüdet nicht;
Sie ist ein Born, dem nie gebricht
Ein unverbrennlich Öl und brennt zu seinem Ruhm
Wie eine Lampe vor dem Heiligtum
Und treibt hinweg die Finsternis mit ihrem Weh und Schmerzen.
An ihr wird sonderlich der Herr erkannt.
Der Himmel um und um ist sein Gewand,
Und sie der Stern auf seinem Vaterherzen.

Johann Wolfgang von Goethe

(1749–1832)

Sprüche in Prosa:

Es wäre nicht der Mühe wert, siebzig Jahre alt zu werden, wenn alle Weisheit der Welt Torheit wäre vor Gott.

Die Sinne trügen nicht, aber das Urteil trügt.

Das Tier wird durch seine Organe belehrt;
der Mensch belehrt die seinigen und beherrscht sie.

Der Mensch an sich selbst, insofern er sich seiner gesunden Sinne bedient, ist der größte und genaueste physikalische Apparat, den es geben kann, und das ist eben das größte Unheil der neueren Physik, daß man die Experimente gleichsam vom Menschen abgesondert hat und bloß in dem, was künstliche Instrumente zeigen, die Natur erkennen, ja was sie leisten kann, dadurch beschränken und beweisen will.

Ebenso ist es mit dem Berechnen. Es ist vieles wahr, was sich nicht berechnen läßt, sowie sehr vieles, was sich nicht bis zum entschiedenen Experiment bringen läßt.

Mikroskope und Fernrohre verwirren eigentlich den reinen Menschensinn.

Die Natur verstummt auf der Folter; ihre treue Antwort auf redliche Frage ist: Ja, ja! Nein, nein! alles übrige ist vom Übel.

Weiß denn der Sperling, wie's dem Storch zu Mute sei?

Es hört doch jeder nur, was er versteht.

Hypothesen sind Gerüste, die man vor dem Gebäude aufführt und die man abträgt, wenn das Gebäude fertig ist; sie sind dem Arbeiter unentbehrlich; nur muß er das Gerüste nicht für das Gebäude ansehen.

Die Natur verbirgt Gott!
Aber nicht jedem.

Geheimnisse sind noch keine Wunder.

Der Mensch muß bei dem Glauben verharren, daß das Unbegreifliche begreiflich sei; er würde sonst nicht forschen.

Einer neuen Wahrheit ist nichts schädlicher als ein alter Irrtum.

Die Zeit ist selbst ein Element.

Steine sind stumme Lehrer, sie machen den Beobachter stumm, und das Beste, was man von ihnen weiß, ist nicht mitzuteilen.

Alles Lebendige bildet eine Atmosphäre um sich her.

... so sind wir nicht mehr in dem Falle, bei Behandlung der Naturwissenschaften die Erfahrung der Idee entgegen zu setzen, wir gewöhnen uns vielmehr, die Idee in der Erfahrung aufzusuchen, überzeugt, daß die Natur nach Ideen verfahre ...

Natur und Idee läßt sich nicht trennen, ohne daß die Kunst so wie das Leben zerstört werde.

«Ich glaube einen Gott!» Dies ist ein schönes, löbliches Wort; aber Gott anerkennen, wo und wie er sich offenbare, das ist eigentlich die Seligkeit auf Erden.

Das Dasein ist Gott.

«Was wär ein Gott, der nur von außen stieße,
Im Kreis das All am Finger laufen ließe?
Ihm ziemt's, die Welt im Innern zu bewegen,
Natur in Sich, Sich in Natur zu hegen,
So daß, was in ihm lebt und webt und ist,
Nie seine Kraft, nie seinen Geist vergißt.»

Goethe formte diese Verse nach einem Vorbild, das ihm Giordano Bruno mit folgenden sechs Zeilen geliefert hatte:

«Non est deus res intelligentia exterior
circum rotans et circum ducens,
dignius enim illi debet esse internum principium motus,
quod est natura propria, anima propria,
quam habent tot quot in illius gremio et corpore vivunt,
hoc generalis spiritu, corpore, anima, natura, animantia.»

«Was kann der Mensch im Leben mehr gewinnen,
Als daß sich Gott-Natur ihm offenbare,
Wie sie das Feste läßt zu Geist verrinnen,
Wie sie das Geisterzeugte fest bewahre!»

Der Erdgeist im «Faust»:

«In Lebensfluten, im Tatensturm
Wall ich auf und ab,
Webe hin und her!
Geburt und Grab,
Ein ewiges Meer,
Ein wechselnd Weben,
Ein glühend Leben!
So schaff ich am sausenden Webstuhl der Zeit
Und wirke der Gottheit lebendiges Kleid.»

Goethe schreibt an Jacobi:

«Wenn Du sagst, man könne Gott nur *glauben*, so sage ich Dir: ich halte aufs *Schauen*.»

«Dich hat Gott mit der Metaphysik gestraft und Dir einen Pfahl ins Fleisch gesetzt, mich dagegen mit der Physik gesegnet, damit mir es im Anschauen seiner Werke wohl werde.»

Aus: «Faust», I. Teil

Die Sonne tönt nach alter Weise
In Brudersphären Wettgesang,
Und ihre vorgeschriebne Reise
Vollendet sie mit Donnergang.
Ihr Anblick gibt den Engeln Stärke,
Wenn keiner sie ergründen mag;
Die unbegreiflich hohen Werke
Sind herrlich wie am ersten Tag.

Und schnell und unbegreiflich schnelle
Dreht sich umher der Erde Pracht;
Es wechselt Paradieseshelle
Mit tiefer, schauervoller Nacht;
Es schäumt das Meer in breiten Flüssen
Am tiefen Grund der Felsen auf,
Und Fels und Meer wird fortgerissen
In ewig schnellem Sphärenlauf.

Friedrich Hölderlin

(1770–1843)

Wo bist du? Trunken dämmert die Seele mir
Von aller deiner Wonne; denn eben ist's,
Daß ich gelauscht, wie, goldner Töne
Voll, der entzückende Sonnenjüngling
Sein Abendlied auf himmlischer Leier spielt;
Es tönten rings die Wälder und Hügel nach,
Doch fern ist er zu frommen Völkern,
Die ihn noch ehren, hinweggegangen.

Novalis (Friedrich von Hardenberg)

(1772–1801)

Fragmente:

Wir sind mit dem Unsichtbaren näher als mit dem Sichtbaren verbunden.

Wenn Gott Mensch werden konnte, kann er auch Stein, Pflanze, Tier und Element werden, und vielleicht gibt es auf diese Art eine fortwährende Erlösung in der Natur.

Wenn ein Geist stirbt, wird er Mensch.
Wenn der Mensch stirbt, wird er Geist.

Alles Sichtbare haftet am Unsichtbaren, das Hörbare am Unhörbaren, das Fühlbare am Unfühlbaren. Vielleicht das Denkbare am Undenkbaren.

Die Geisterwelt ist uns in der Tat schon aufgeschlossen, sie ist immer offenbar. Würden wir plötzlich so elastisch, als es nötig wäre, so sähen wir uns mitten unter ihr.

Der Raum geht in die Zeit wie der Körper in die Seele über.

Wer hat die Bibel für geschlossen erklärt? Sollte die Bibel nicht noch im Wachsen begriffen sein?

Der Heilige Geist ist mehr als die Bibel. Er soll unser Lehrer des Christentums sein – nicht toter, irdischer, zweideutiger Buchstabe.

Wer Gott einmal suchen will, der findet ihn überall.

Die Welt ist ein gebundener Gedanke. Wenn sich etwas konsolidiert, werden Gedanken frei. Wenn sich etwas auflöst, werden Gedanken gebunden.

Wir sind auf einer Mission: zur Bildung der Erde sind wir berufen.

Einst soll keine Natur mehr sein. In eine Geisterwelt soll sie allmählich übergehen.

Philipp Otto Runge
(1777–1810)

Aus einem Brief an Caspar David Friedrich (1774–1840)

Welch eine Riesengestalt ist die Sonne in ihrem Aufgang! Ihre Flügel reichen bis ans Ende der Welten, sie durchschaut mit ihren Augen die Tiefen wie ein Adler, und ihre Gedanken schweben in unendlicher Höhe; vom Anfang ist sie gekommen, und ohne Ende ist ihr Flug. Wir stehen und hören das Rauschen ihrer Flügel in unserer Blindheit und möchten ihre Gestalt erkennen; sie fliegt in unaufhaltbarem Fluge dahin, uns aber übereilt der Tod.

Gotthilf Heinrich Schubert
(1780–1860)

Professor für Biologie in Erlangen und München.
Aus: «Allgemeine Naturgeschichte oder Andeutungen zur Geschichte und Physiognomik der Natur». Erlangen 1826

Die Geschichte der Natur hat nicht bloß mit einzelnen, endlichen, bald vergänglichen Wesen zu tun, sondern mit einem unvergänglichen, allvereinenden und beseelenden Grund der ganzen Sichtbarkeit. Sie lehret eine Liebe, die in Allen liebt, eine allgemeine Seele, welche Alles, auch das Entfernteste und Getrennteste in lebendige Wechselbeziehung setzet, welche der ganzen Sichtbarkeit, vom Fixsternhimmel an, bis zum ephemeren Insekt, einerlei Zeiten-Rhythmus und Gesetz des Lebens gibt, lehrt Unsterblichkeit der Seele und wird endlich, nach ihrem Maße, eine hohe Theodicee (= Rechtfertigung Gottes).

Ludwig Uhland

(1787–1862)

Frühlingsglaube

Die linden Lüfte sind erwacht,
Sie säuseln und weben Tag und Nacht,
Sie schaffen an allen Enden.
O frischer Duft, o neuer Klang!
Nun, armes Herze, sei nicht bang!
Nun muß sich alles, alles wenden.

Die Welt wird schöner mit jedem Tag,
Man weiß nicht, was noch werden mag,
Das Blühen will nicht enden.
Es blüht das fernste, tiefste Tal:
Nun, armes Herz, vergiß der Qual,
Nun muß sich alles, alles wenden!

Eduard Mörike

(1804–1875)

In ihm seis begonnen,
der Monde und Sonnen
an blauen Gezelten
des Himmels bewegt.
Du, Vater, Du rate!
lenke Du und wende!
Herr, Dir in die Hände
sei Anfang und Ende,
sei alles gelegt!

Lorenz Oken (eigentlich Ockenfuß)

(1779–1851)
Professor in Jena, München und Zürich.

Aus: «Programme zur Naturphilosophie», III. Teil, «Über das Universum». Jena 1808

«Wo die Objekte zersplittert, isoliert umherliegen, da herrscht Tod, und Leben wird nur erzeugt durch Einigung, durch die Liebe des einzelnen.

Solange die Empirie nicht unter der Fahne der Spekulation Schutz sucht und diese sich nicht zum geselligen Umgang mit jener herabläßt: solange die Aufzählung organischer Individuen und anorganischer Naturprodukte, die Darstellung der Physik und Chemie nur nach den Vorschriften des Sehens und Greifens betrieben wird, solange nicht alle Teile der Mathematik unter sich und mit dem übrigen des möglichen Wissens den Bund der innigsten Freundschaft feiern; solange unterdrückt leblose Nacht jeden Funken, der in der Finsternis aufzulodern beginnt. Die Empirie ist das Objekt ohne Handeln, die Spekulation das Handeln ohne Objekt – auf beiden ruht der Fluch der Vernichtung, wenn diese voll Stolz ihren Flug nach der Unendlichkeit nimmt und jene niedrig im Staube kriecht. Die Aussöhnung beider gebiert dem Menschen das Wissen, führt ihn in den Tempel der Gottheit und der Natur, welches Erbauen des letzteren die Arbeit der Naturphilosophie ist.»

W. H. Preuß

(1853–1909)

Aus: «Der vorgeschichtliche Mensch»

«Nicht dem Dunkel der Erde entstammt der Mensch, sondern dem Lichte der Höhe, und er war in seinen ersten Keimen bereits vorhanden, als noch kein Erdkörper durch den Raum wandelte. Indem wir ihn als das Entwicklungsäquivalent unseres Planeten erkennen, können wir mit Recht ihn die Krone der Schöpfung, ja den Stolz des Weltalls nennen. Nicht die unorganischen Kräfte konnten den Herrn der Erde bilden, wohl aber vermochte er die unorganischen Stoffe bei seiner Entwicklung auszuscheiden und zu veranlassen, daß sie zu einem Planeten sich zusammenballten. Er verdankt sein Dasein dem Bildungstriebe, welcher von Anfang an im Kosmos herrschte – sein Ursprung ist die Liebe; Liebe hält ihn am Leben und begleitet ihn bis zum letzten Atemzuge.»

Wladimir Solovieff

(1853–1900)

(Übersetzt von Marie Steiner)

Zu dir, o Erde, Göttin, senkte ich mein Antlitz,
Und durch die duft'ge Hülle deines Seins
Erfühlte ich die Flamme deines Herzens,
Erlauschte ich des Weltenpulses Schlag.
Die Mittagsstrahlen sandten ihre Gluten,
Von Segen schwer, herab vom Leuchtedom,
Und in den stillen Glanz ergossen ihre Stimmen
Der freiheitsdurst'ge Strom, der sangesfrohe Wald.
Und offenbar wird das Mysterium des Bundes
Der Erdenseele mit dem Himmelslicht,
Und hell auflodernd in der Liebe Lohen
Zerstiebt wie Staub des Erdenlebens Leid.

Max Planck

(1858–1947)

Aus: «Das Weltbild der neuen Physik» – 1929

Angesichts der eigentümlich schwierigen Lage, in welche gegenwärtig die theoretisch-physikalische Forschung geraten ist, läßt sich gewiß ein Gefühl des Zweifels nicht ohne weiteres abweisen, ob die Theorie mit ihren radikalen eingeführten Neuerungen sich wirklich auf dem richtigen Wege befindet. Die Entscheidung dieser verhängnisvollen Frage hängt einzig und allein davon ab, ob bei der unablässig fortschreitenden Weiterarbeit am physikalischen Weltbild der notwendige Kontakt desselben mit der Sinnenwelt hinlänglich gewahrt bleibt. Ohne diesen Kontakt wäre auch das formvollendetste Weltbild nichts als eine Seifenblase, die beim ersten Windstoß zerplatzen kann.

Das Doppelziel der Forschung: einerseits die vollkommene Beherrschung der Sinnenwelt, andererseits die vollständige Erkenntnis der realen Welt, wird in Wirklichkeit grundsätzlich unerreichbar bleiben. Aber nichts wäre verkehrter, als diesen Umstand zum Anlaß einer Entmutigung zu nehmen. Dafür besitzen wir schon gar zu viele greifbare Erfolge praktischer und theoretischer Art – Erfolge, die sich täglich mehren. Und vielleicht haben wir sogar allen Grund, die Endlosigkeit dieses stetigen Ringens um die aus unnahbarer Höhe winkende Palme als einen besonderen Segen für den forschenden Menschengeist zu betrachten. Denn sie sorgt unablässig dafür, daß ihm seine edelsten Antriebe erhalten bleiben und immer wieder von neuem angefacht werden: die Begeisterung und die Ehrfurcht.

Otto Hahn

(1879–1968)

Aus: «Mein Leben» – 1968

Was vor zehn Jahren ein Gebilde unserer «schweifenden Einbildungskraft» war, ist heute zum Teil bereits zur mahnenden Wahrheit geworden. Die Energie kernphysikalischer Reaktionen ist in die Hand der Menschen gegeben. Soll sie ausgenützt werden für die Förderung freier wissenschaftlicher Erkenntnis, sozialen Aufbau und Erleichterung der Lebensbedingungen der Menschen, oder soll sie mißbraucht werden zur Zerstörung dessen, was die Menschen in Jahrtausenden geschaffen haben? Die Antwort sollte nicht schwerfallen und wird wohl auch von den Wissenschaftlern der ganzen Welt im Sinne der ersteren Möglichkeit gewünscht.

Max Born

(1882–1970)

In der Physik besteht das ganze «Erleben» aus der Tätigkeit des Aufbauens von Apparaten und aus dem Ablesen von Zeigerinstrumenten. Aber die damit gewonnenen Angaben genügen, den Kosmos denkend nachzuschöpfen. Zuerst entstehen Bilder, die von Anschauungen stark beeinflußt sind; allmählich werden die Vorstellungen immer abstrakter, alte Begriffe werden fortgeworfen und durch neue ersetzt. Aber so weit sich auch die konstruierte Welt der Dinge von der Anschauung entfernt, so hängt sie doch an ihren Grenzen mit den Wahrnehmungen der Sinne unlöslich zusammen, und es gibt keine Aussagen der abstraktesten Theorie, die nicht in letzter Linie eine Beziehung zwischen Beobachtungen ausdrückt. Daher kommt es, daß jede neue Beobachtung das ganze Gebäude erschüttert, so daß es scheint, als ob die Theorien wachsen und vergehen. Das aber ist es gerade, was den Forscher lockt und reizt: auch das Gebilde seines Geistes wäre nur ein trüber Gast, hätte es nicht dieses Stirb und Werde.

Theodosius Dobzhansky

(geb. 1900)

Die Entwicklung der Wissenschaft, die zunächst nur langsam und zögernd, seit den beiden letzten Jahrhunderten dagegen immer schneller und schneller vor sich ging, machte es dem Menschen möglich, ein besseres Verständnis seiner selbst und seiner Umwelt auf der Erde und im Weltall zu erlangen. Julian Huxley schreibt, daß der Mensch sich «unerwartet in der Lage eines Managers der kosmischen Evolution befindet». Wenn diese Ansicht auch wohl etwas verfrüht sein mag, so steht der Mensch auch heute bereits im Kampf gegen die ihm von der Natur gesetzten Grenzen, und dieses Ringen macht sein Dasein lebenswert und birgt die Hoffnung auf eine große Zukunft des Menschengeschlechtes in sich.

Werner Heisenberg

(geb. 1901)

So scheint es uns eher als früher verständlich, wenn auch neben die Lebenserscheinungen noch neue Bereiche der Wirklichkeit treten: der Bereich des Bewußtseins und schließlich das Gebiet der geistigen Vorgänge. Wir erwarten nicht, daß etwa ein direkter Weg des Verständnisses von den Bewegungen der Körper in Raum und Zeit zu seelischen Vorgängen führen könnte, da wir auch in der exakten Naturwissenschaft gelernt haben, daß die Wirklichkeit für unser Denken zunächst in getrennte Schichten zerfällt, die sozusagen erst in einem abstrakten Raum hinter den Phänomenen zusammenhängen. Wir sind uns mehr als die frühere Naturwissenschaft dessen bewußt, daß es keinen sicheren Ausgangspunkt gibt, von dem aus Wege in alle Gebiete des Erkennbaren führen, sondern daß alle Erkenntnis gewissermaßen über einer grundlosen Tiefe schweben muß; daß wir stets irgendwo in der Mitte anfangen müssen über die Wirklichkeit zu sprechen mit Begriffen, die erst durch ihre Anwendung allmählich einen schärferen Sinn erhalten, und daß selbst die schärfsten, allen Anforderungen an logische und mathematische Präzision genügenden Begriffssysteme nur tastende Versuche sind, uns in begrenzten Bereichen der Wirklichkeit zurechtzufinden.

So sind wir zwar nicht mehr in der glücklichen Lage Keplers, dem der Zusammenhang der Welt im Großen durch den Willen ihres Schöpfers gegeben war und der mit der Erkenntnis der Sphärenharmonien schon dicht vor dem Verständnis seines Schöpfungsplanes zu stehen glaubte. Aber die Ahnung eines großen Zusammenhangs, in den wir mit unseren Gedanken doch schließlich immer weiter eindringen können, bleibt auch für uns die treibende Kraft der Forschung.

Ludwig v. Bertalanffy

(geb. 1906)

Aus: «Auf den Pfaden des Lebens» – 1951:

Die Wissenschaft ist kein Geschehen sozusagen im luftleeren Raum rein gedanklicher Entwicklung, sie ist ebenso Faktor wie Ausdruck des geschichtlichen Ablaufes. So stand zum Beispiel in genauer Beziehung zum mechanischen Weltbild die Herrschaft der Maschine, die theoretische Betrachtung der Lebewesen als Maschinerien und die Mechanisierung des Menschen. Die Begriffe aber, zu denen die modernen wissenschaftlichen Entwicklungen führen – sie haben im Lebendigen ihre sinnfälligste Verkörperung. In den furchtbaren Krisen, die unsere Zeit erschüttern, bleibt uns vielleicht die Hoffnung, daß das heute sich anbahnende Weltbild Vorbereitung einer neuen Stufe der Menschheitsentwicklung sei.

Jacques Monod

(geb. 1910)

Aus: «Zufall und Notwendigkeit»

Wenn er diese Botschaft in ihrer vollen Bedeutung aufnimmt, dann muß der Mensch endlich aus seinem tausendjährigen Traum erwachen und seine totale Verlassenheit, seine radikale Fremdheit erkennen. Er weiß nun, daß er seinen Platz wie ein Zigeuner am Rande des Universums hat, das für seine Musik taub ist und gleichgültig gegen seine Hoffnungen, Leiden oder Verbrechen.

Der Alte Bund ist zerbrochen; der Mensch weiß endlich, daß er in der teilnahmslosen Unermeßlichkeit des Universums allein ist, aus dem er zufällig hervortrat. Nicht nur sein Los, auch seine

Pflicht steht nirgendwo geschrieben. Es ist an ihm, zwischen dem Reich und der Finsternis zu wählen.

Adolf Butenandt

(geb. 1913)

Glücklicherweise dürfen wir schon heute Zeuge sein vom Beginn einer neuen Arbeitsrichtung, die sich um den Sinn und die Bedeutung der Strukturen bemüht. Sie steht noch am Anfang; wird sie uns einmal erkennen lassen, warum in einer lebenden Zelle alle Einzelvorgänge auf das Ganze abgestellt sind, warum ihr Zusammenspiel geregelt ist?

Wir wissen nicht, auf welchem Wege die Zelle als biologisch ganzheitlich geregeltes Miteinander vieler Teilfunktionen im Laufe der Erdentwicklung entstanden ist. Auch wenn wir lange Zeiträume für ihre allmähliche Entstehung auf der Erde zur Verfügung haben – die Geburt der ersten Zelle wird, trotz allem, was wir an Teilen ihres Wesens entschleiern konnten, dem nur kausalanalytisch Denkenden ein extrem unwahrscheinliches Ereignis bleiben.

Rudolf Steiner

(1861–1925)

Stoff ist geronnene kosmische Tätigkeit.

Prinzip der künftigen Forschung muß es mehr und mehr werden, nach der Erde hinzuweisen, um die Geheimnisse des Himmels zu finden – und nach dem Himmel hinzuweisen, um die Geheimnisse der Erde zu entdecken.

Sterne sprachen einst zu Menschen,
Ihr Verstummen ist Weltenschicksal.
Des Verstummens Wahrnehmung
Kann Leid sein den Erdenmenschen.

In der stummen Stille aber reift,
Was Menschen sprechen zu Sternen.
Ihres Sprechens Wahrnehmung
Kann Kraft werden des Geistesmenschen.
Weihnachten 1922